U0088346

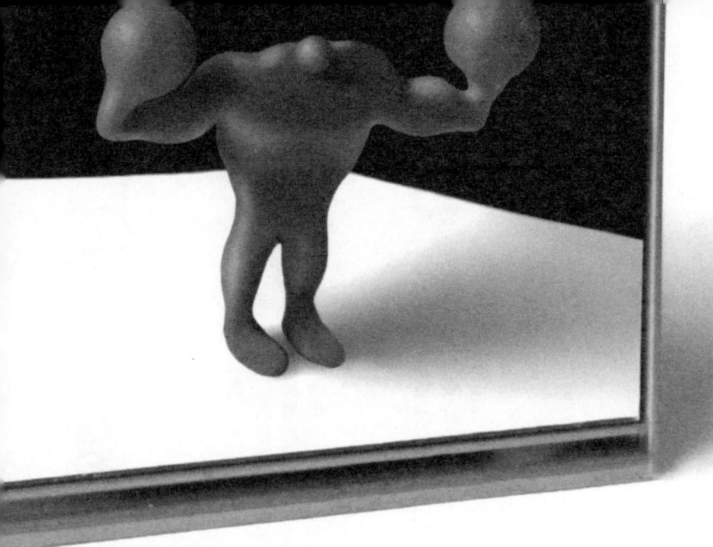

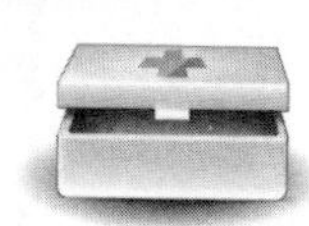

無論任何事情，覺得別人都不如自己做得好，
或者覺得自己不如別人厲害，
兩者都是一種病，前者是自戀，後者是自卑。

自戀和自卑都是一種病

THE KEY TO A HAPPY LIFE

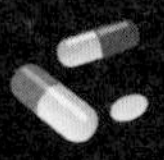

天使問動物們對自己的長相是否滿意，如果不滿意可以替大家改變容貌。
猴子說：「我不覺得自己難看，但大象的鼻子真醜。」
象大聲叫道：「我肥頭大耳才體面，只是馬的臉未免太長了！」
馬聽了恨不得踢象一腳，立即說：「我臉雖長卻很清秀，兔子尖嘴尖臉才刻薄！」
兔子怒道：「你們瞎了嗎？猴子的臉最怪，牠才該整容！」
「既大家都滿意自己的長相，我就不替大家整容了。」天使說完就消失了。

正面思考：62

自戀和自卑都是一種病

編　　著　林瑁榕
出 版 者　大拓文化事業有限公司
執行編輯　林美娟
美術編輯　蕭佩玲

總 經 銷　永續圖書有限公司
劃撥帳號　18669219
地　　址　22103 新北市汐止區大同路三段一九十四號九樓之一
TEL　(〇二)八六四七—三六六三
FAX　(〇二)八六四七—三六六〇
E-mail　yungjiuh@ms45.hinet.net
網　　址　www.foreverbooks.com.tw

CVS代理　美璟文化有限公司
TEL　(〇二)二七二三—九九六八
FAX　(〇二)二七二三—九六六八

法律顧問　方圓法律事務所　涂成樞律師

出 版 日◇二〇一六年　八月

國家圖書館出版品預行編目資料

自戀和自卑都是一種病 / 林瑁榕 編著.
-- 初版. -- 新北市 : 大拓文化, 民105.08
面 ; 　公分. -- (正面思考 ; 62)
ISBN 978-986-411-035-3(平裝)
1.人生哲學 2.修身
191.9　　105005799

Chapter 01

人生如夢，築夢踏實

——每個人的目標和夢想，就是自己的寶貝。

Chapter 02

朝聞道，夕死可矣！

——學習和成長是一輩子的事

Chapter 03

應未雨而綢繆，毋臨渴而掘井

——提前計劃勝過隨機應變

Chapter 04

三年學醫，寸步難行

——自戀和自卑都是一種病

Chapter 05

天行健，君子以自強不息

——可以輸給別人，不能輸給自己

Chapter 01

人生如夢，築夢踏實——

每個人的目標和夢想，就是自己的寶貝。

The key to a happy life

為什麼不事先準備好？

一位太太為了熬出一鍋好湯，邀請鄰居太太來家裡指導。

她買齊了材料，準備生火燒水，鄰居太太卻說：「這個不鏽鋼鍋不適合熬湯，我還是再去買一個陶鍋，熬出來的湯會美味一些。」然後，她匆匆忙忙地卸下了圍裙，跑去買陶鍋。

陶鍋很快就買來了，這位太太正要燒水，鄰居太太卻說：「我想起來了，我有一組餐具很配這個陶鍋，等我一下，我回家找找。」

然後，她急忙跑回家翻箱倒櫃，滿身大汗地把餐具拿過來。

正當燒水之際，鄰居太太又看了看準備入鍋的材料，搖了搖頭說：「不行，這肉片切得太大塊了，不容易入味，我得把它切小塊一點才行。」

好不容易拿出了菜刀，才切沒兩三下，鄰居太太又說了：「這菜刀不利了，得趕緊磨一磨才好。」

於是，她丟下菜刀，回家去把磨刀石拿過來。等到磨刀石拿來以後，她又發現，要把刀子磨利，必須用木棍固定一下才方便，所以她又連忙出外尋找木棍，找了好半天都不見蹤影。

在家裡等待的這位太太只好先把材料下鍋，一邊煮一邊等。直到鄰居太太氣喘如牛，手裡拿著木棍跑回來時，鍋裡的材料早已熟透，可以開始大快朵頤了。

心語：

看完這則故事之後，你一定在偷笑，天底下怎麼會有像鄰居太太這麼愚笨的人啊！事實上，我們雖然不至於像鄰居太太做出這麼多愚蠢的事，但很多時候，我們也犯了和鄰居太太一樣的毛病，事先沒有做好充分準備，待需要的時候卻臨時急抓，不只多費力氣，而且也並不見得能討好，只會延誤更多的時間，誤事誤人。

歌德說：「決定一個人的一生，以及整個命運的，只是一瞬之間。」那「一瞬之間」指的是你做事的態度和方法。很多人都有相同的目標，卻常常因為選擇的道路不同，走路的方式不同，結果也有了天壤之別。

你是沒有機會，還是沒有準備？

阿明和幾個朋友聚餐，每個人都大發牢騷，感歎生活中的不順遂，抱怨自己的機運太差或機會太少。這時，有位學長對他們說了一個自己的故事。

這位學長剛畢業的那年，很快就找到工作，但是沒過多久，他便開始對工作產生倦怠。當時，心情不好的學長，為了紓解情緒和壓力，常常會帶著魚竿到湖邊釣魚。但是，換了好幾個地方，都沒有好收穫。於是，他的魚簍子越換越小，最後只見他拎著一把釣竿和魚餌就出門了。有一天，釣魚技術不如他的同事老王約他一同去釣魚，老王拿了一個大魚簍，當他看見學長幾乎兩手空空，便塞給他一個小魚簍。學長搖了搖手，對老王說道：「不用啦，我每次都釣不到兩條魚，用手拿就夠了。」

但是沒想到，這天卻出乎意料，他們竟然遇上了豐富的魚群，魚餌幾乎都來不及裝，大魚小魚幾乎是一條接著一條地甩上岸。學長的魚餌很快就用光了，幸虧老王帶了許多魚餌來。學長看著老王裝得滿滿的大魚簍，自己只能用繩子綁住幾條，不得不放棄仍在地上活蹦亂跳的魚兒，為此懊惱不已。當大家聽完學長的故事時，什麼感想也沒有，反而扯開話題，嘲笑學長都三十五歲了，還想考研究所，未免太晚了。幾年之後大家再次聚會，有人苦撐著小生意，有人勉強自己在不喜歡的工作環境中苦悶度日。至於學長，知道訊息的朋友們說，他不僅拿到博士學位，現在更是許多公司挖角的對象。當大家羨慕之際，阿明這才想起學長說的那個「魚簍子」故事，原來是有特別涵義的！

心語：

這個故事的涵義是什麼呢？我們總是怪東怪西，卻從來不怪自己。機會永遠只留給有準備的人，所以每當我們在抱怨運氣不佳的時候，不要只顧著埋怨別人不給自己機會，看一看自己的魚簍是否夠大，有沒有破洞；也許不是池塘裡的魚兒太小或魚群不多，才裝不滿你的魚簍，而是你的簍子破了個大洞，讓魚兒全溜走了。釣魚的工具準備齊全了嗎？工具不怕多，就怕魚群來的時候，你正好缺了一個魚簍子。

有計劃，才能因應變化

一九八四年，東京國際馬拉松邀請賽中，原本名不見經傳的日本選手山田本一，在眾人的意料之外奪得了世界冠軍。當記者問他是如何自我鍛鍊時，他只說了一句話：「我是用智慧戰勝對手的。」

當時很多人都認為山田本一是在故弄玄虛，畢竟馬拉松是憑借體力和耐力的運動，爆發力和速度都在其次，只要選手的體質好、耐力夠，就有成為冠軍的希望。所以，智慧對馬拉松來說會有什麼幫助？這個說法實在有些勉強。

兩年後，意大利國際馬拉松邀請賽在意大利的北部城市米蘭舉行。山田本一代表日本參加比賽，並且再度獲得了世界冠軍。面對山田本一時，記者們再度問到了獲勝的關鍵。性情木訥的山田本一原來就不善言辭，所以這次的回答還是和上次一樣：「用智慧戰勝對手。」

不過，這次記者們並沒有在報紙上挖苦他，只是仍然對他所謂智慧的說法一頭霧水。

十年後，山田本一在他的自傳中，明白地解釋了他所謂的「智慧」：「每次比賽前，我都會先把比賽的路線仔細地看一遍，並且把沿途比較醒目的標誌記下來。比如第一個標誌是銀行，第二個標誌是一棵大樹，第三個標誌是一座紅房子……等等，就這樣一直記到賽程的終點。

等到真正比賽時，我會奮力地向第一個目標衝刺，等到達第一個目標後，再用同樣的速度跑向第二個目標。這樣一來，不管多遠的賽程，只要分解成幾個小目標，我就可以輕鬆地跑完全程了。剛開始時我不明白這個道理，只會把目標定在終點線，結果跑不到十幾公里便疲憊不堪，被前面遙遠的路程給嚇到了。」

心語：

計劃是實現夢想的第一步，有了計劃，才能開始完成夢想的步驟。所以，我們不應該將計劃視為一種束縛，而是把計劃當成一種規範，再跟著環境的變動逐步調整與修正。如此一來，成功的機率絕對比跟無頭蒼蠅一樣到處碰壁要大得多，而且更能避免走許多無謂的冤枉路。

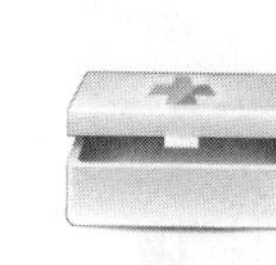

有實力的人不輕易出手

春秋時代，齊頃公進攻魯國，攻無不克、戰無不勝，不只佔領了魯國大片土地，連前來救援魯國的衛國都成了手下敗將；兩個戰敗國家連忙向晉國求救，合三國之力，準備與齊國來個決一死戰。

晉國意氣風發，千里迢迢地率領著八百輛戰車來與魯、衛兩國會合。然而，齊國的大將高固驍勇善戰，根本不把晉國放在眼裡，他連夜摸黑獨闖晉軍大營，不但引起晉軍一陣慌亂，還奪得一輛戰車回營，把敵人玩弄於股掌之間，大挫對方的銳氣。齊頃公眼見手下大將如此足智多謀、身手矯捷，自覺天下無敵，便與三國聯軍約定次日清晨決戰。

到了第二天清晨，三國聯軍已經嚴陣以待，齊軍卻逍遙自在，連陣局都尚未佈置好。但是，齊頃公毫不為意，下令開戰，並輕蔑地說：「等我消滅了敵人之後再吃早飯吧！」

身邊部將見狀，連忙勸阻道：「我方陣勢尚未布好，不妨再多等一時半刻再下令開戰。」

但是，齊頃公志得意滿，根本聽不進去，笑著說：「怕什麼！他們不過是我們的手下敗將，隨便派幾個士兵殺過去，他們就會抱頭鼠竄、全軍覆沒了。」

於是，他親自擂擊戰鼓，發動攻擊，但因為準備不夠充分，還沒到達敵陣，齊軍就已被殺得片甲不留，致使齊國大業功敗垂成。

心語：

齊頃公犯了戰場上的兩個大忌，一是「輕敵」，二是「驕矜」；如果他能不沉迷於先前的小勝利，不高估眼前的優勢，準備就緒之後再發動攻擊，以齊國的實力，必能橫掃千軍、改寫歷史，把勝利納為囊中之物。

人們常常因為爬得比人高，就自以為腳下的一切都是這麼的渺小，忘了只要有別人爬得比你高，你在他眼中也是同樣的渺小。不知天高地厚的人，通常只能落到和齊頃公同樣的下場，勝利就在眼前，卻因為你不曉得把握時機，隨隨便便就出手，不但沒有獲得勝利，反而把它趕跑了。

不能只怪魚「狡猾」

一對隱居山野的夫婦，長年以來，一直遠離都市，自給自足。

一天中午，妻子突然想吃魚，於是吩咐丈夫利用下午的閒暇時間去河邊釣魚，這麼一來，晚餐時就可以吃到又新鮮又美味的魚料理了。妻子一面盤算著晚上的菜色，一面備妥用具，催促著丈夫趕緊去釣魚。

到了傍晚的時候，丈夫垂頭喪氣，兩手空空的回到家裡，妻子發現了丈夫這副狼狽的模樣，焦急地問：「你上哪裡去了？怎麼一條魚也沒帶回來呢？」

丈夫邊擦汗邊說：「別提了，現在的魚可真狡猾，我在河邊等了一個下午，不但沒有釣到半條魚，魚餌還都被偷吃光了！累得我滿身大汗，快把我給氣死了。」

妻子聽了半信半疑，這條河的魚獲量向來豐富，怎麼突然間連一條魚也不上鉤呢？於是她拿起了魚竿，仔細地看了看說：「難怪呢！魚鉤都已經歪了，你怎麼連這個都沒發現呢？怪不得蹲了一下午連條魚也釣不到，這個魚鉤根本不能用了嘛！趕緊換上一個新魚鉤，我們很快就會有魚吃了。」

心語：

丈夫沒有找出問題的癥結，因此忙碌了半天也只是徒勞無功而已。像這樣的情況屢見不鮮，你我都曾碰到過，沒有選對方法，忙了半天也還是一場空。問題的癥結其實並不是什麼難懂的道理，明眼人一眼就能看穿，卻因為我們粗心大意，得過且過的態度，不但不能明察秋毫，還如同瞎子摸象，摸得一頭霧水，耽誤了別人也耽誤了自己。

「工欲善其事，必先利其器」，在開始做一件事之前做好萬全的準備吧！多花一點心血，也許可以省去更多汗水。

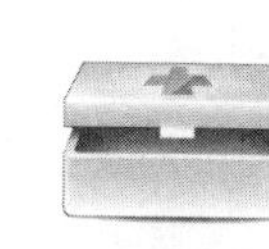

要不同凡響，先找對方向

有一位見識淺薄的馴獸師，因為從來都沒有看過駱駝倒退走路，所以，他以為駱駝只會往前走，因此他「突發奇想」，認為如果有一隻只會倒退走的駱駝，一定會造成轟動。於是，馴獸師花了許多年的時間，把一隻小駱駝訓練成只會倒退走路，並且帶著牠到馬戲團裡表演。

正式表演那天，觀眾可說是人山人海，多得連走道上都擠滿了人。之所以會有這麼多人，是因為馬戲團貼出了廣告，大肆宣傳說：「今天將有一場空前絕後的表演。」

節目陸續進行，壓軸的正是這隻只會倒退走路的駱駝。這時，大家都期待著會有什麼好戲上場。舞台上，馴獸師與一隻駱駝站在中間，忽然馴獸師一聲吆喝，駱駝便開始倒退了，走了一圈之後，便回到舞台的中間，等著觀眾們的喝彩。

但是，大家看完了表演之後，全都面面相覷，許多人還一臉茫然地說：「那又怎麼樣？只有這樣而已嗎？」

可憐的馴獸師不知道自己失敗了，還以為觀眾們被嚇得目瞪口呆，忘了給予熱情的掌聲。

心語：

不管馴獸師花了多少時間，他終究還是失敗了！可惜的是，他失敗的原因，並不是因為付出的努力不夠，而是他把時間和精力浪費在一個毫無意義的目標上。

如果你不想像訓獸師一樣白費工夫，就要心平氣和地接受別人的批評和建議。別盲目地付出，當你在設定目標的時候，要全面而周詳地評估，找出新目標的發展性與獨特性，如此才能創造出真正的「不同凡響」。

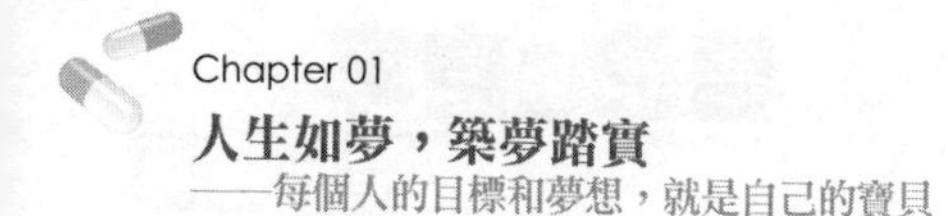

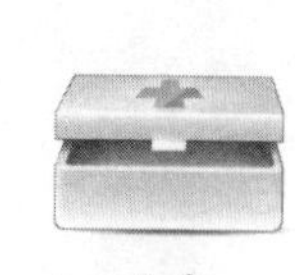

凡事都要留條後路給自己

有兩個村莊位於沙漠的兩端，若想到達對面的村莊，有兩條路可行。一條要繞過大漠，經過外圍的城市，但是得花二十天的時間才能到達；另一條是直接穿過大漠，只要三天就能抵達。但是，穿越沙漠卻很危險，有人曾經試圖橫越，卻無一生還。

有一天，有位智者經過這兩個村落，他教村裡的人們找來許多的胡楊樹苗，每一公里便栽種一棵樹苗，直到沙漠的另一端。智者告訴村裡的人：「如果這些樹苗能夠存活下來，你們就可以沿著胡楊樹來往；若沒有存活，那麼每次經過時，就記得要把枯樹苗插深一些，並清理四周，以免傾倒的樹木被流沙淹沒了。」

結果，這些胡楊樹苗種植在沙漠中，全被烈日烤死，不過卻也成了路標，兩地村民便沿著這些路標，平平安安地走了十多年。

有一年夏天，一個外地來的僧人，堅持要一個人到對面的村莊去化緣。大家見無法阻止，便叮嚀他說：「師父，您經過沙漠的時候，遇到快傾倒的胡楊時一定要向下再扎深些，如果遇到將被淹沒的胡楊，記得要將它拉起，並整理四周。」

僧人點頭答應，便帶著水與乾糧上路。

但是，當他遇到將被沙漠淹沒的胡楊樹時，卻想：「反正我只走這麼一趟，淹沒就淹沒吧！」於是，僧人就這麼走過一棵又一棵即將消失在風沙裡的胡楊，看著一棵棵被風暴吹得快傾倒的樹木一一傾倒。

然而就在這個時候，已經走到沙漠深處的僧人，在靜謐的沙漠中，只聽見呼呼的風聲，回頭再看來時路，卻連一棵胡楊樹的樹影都看不見了。

此刻，僧人發現自己竟失去方向了，他像個無頭蒼蠅似地東奔西跑，怎麼也走不出這片沙漠。

就在他只剩下最後一口氣時，心裡懊惱地想：「為什麼不聽大家的話？如果我聽了，現在起碼還有退路可走。」

心語：

留條後路，不是讓自己有遁逃的機會，而是讓我們重新起步時，能夠看見前路的錯誤足跡，記取教訓，不再重蹈覆轍。然而，多數人都不懂得記取教訓，即使前人已經有過失敗的經驗，他們仍然喜歡讓自己撞得鼻青臉腫，然後才驚呼說：「沒想到是真的！」

人類的經驗是靠時間累積之後，再經過長時間的去蕪存菁得來的。所有長者的智慧與建言，我們都不能視若無睹，因為那些都是我們絕佳的成功秘籍。待人接物也是如此，凡事都要以寬容的心胸為自己預留一條退路，人情留一線，日後好相見，不是嗎？

不要為了工作而生活

對任何一個企業而言，要始終保持在賺錢的狀態，是一場長期抗戰。喬治是一個大企業的負責人，但他也因此深陷在維持企業正常營運的泥沼之中，種種煩惱讓他整日頭疼欲裂，苦不堪言。有一天，喬治終於下定決心，決定把公司賣掉。他賣掉公司的次日，銀行裡馬上就多了一大筆錢，這天，一個好朋友前來和他共進午餐。

「明天開始，你打算怎麼處置這一大堆錢？」朋友問喬治。

喬治回答說：「首先，我要給自己買一輛新車子，再為我老婆買個鑽石戒指。」

「這個主意看起來不錯！你辛苦工作那麼多年，值得擁有這些。但這兩樣總共也不過花掉你百分之一的財富，其他的錢你打算怎麼處置？」

「接下來，我打算投資房地產或是一間已成氣候的小公司。」喬治毫不猶豫

地回答。

朋友聽了簡直不敢相信自己的耳朵。

「你不是才剛剛從經營企業的風險裡逃出來嗎？」這位朋友驚叫著說，「怎麼會想出再買一家公司這種主意？我實在看不出這有什麼道理。喬治，不管你承不承認，你這是自找麻煩。你就是沒法把你的錢、黃金和一些債券放在一邊去享受人生，因此你要把一種風險投資換成另外一種風險投資，認為如此才能賺更多的錢，不管你是不是真的需要這些錢。事實上，你只是換湯不換藥，由一項有風險的投資換成另一項而已。」

喬治對朋友坦率的評語頗不以為然，但朋友依然單刀直入地指出：「我們一旦被『必須要更多』的鉤子勾住，一生便無法擺脫這個束縛。」

心語：

一定有很多人也像喬治一樣，對這名朋友的話很感冒。本來嘛，錢哪有嫌多的呢？就像有人很不齒「錢，夠用就好」這句話，實際上又有誰能把「錢，多少才夠用」這個問題說得清楚明白？

但是，如果我們不能想辦法跳出這樣的想法，我們就將陷入「錢，永遠不夠」的困境之中，看不見許多生活中的美好，因為我們連賺錢的時間都不夠了，還談什麼享受呢？

很多人就是讓自己遭受了這類不自主行為的控制，我們根本不關心自己能買多少，而只在意能賺多少，不斷地玩著所謂明智投資的遊戲，以賺錢的多寡作為唯一的指標。最諷刺的事莫過於：我們為了生活而投入工作，卻因為工作而忘了生活。認清自己的目標，永遠當生活的主宰，別被錢牽著鼻子走。

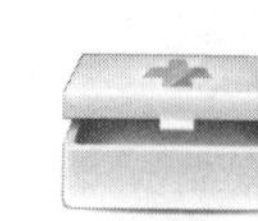

看得遠，等於替未來買保險

蘇秦和張儀都是鬼谷子的學生，蘇秦比張儀還要早出道。當蘇秦提出「合縱」之策，取得了各方諸侯的信任，身掛六國相印，聲名響叮噹的時候，張儀卻還是個默默無聞的窮書生。儘管如此，在蘇秦的眼中，張儀絕對是個不世出的人才，遲早都會冒出頭來。

在蘇秦聲望如日中天時，惟一擔心的是秦國這個難纏的國家。為了避免秦國離間各諸侯，破壞他苦心經營的六國聯盟計劃，蘇秦可以說是絞盡腦汁，最後決定送一個人去當秦國宰相，以利於操控，而張儀便是他口袋中的最佳人選。

當然，這種預先「埋暗樁」的做法並不容易，必須有精妙的安排。於是，蘇秦先派人去遊說、設計張儀，讓張儀為了功成名就，而主動來求見他。結果，張儀真的來到了趙國，想要求見蘇秦。

在蘇秦的佈局中，他事先交代守衛，不要為張儀通報，但也要想辦法不要讓張儀馬上離開。

經過幾天的冷處理，蘇秦才讓張儀見到自己。但見面時，蘇秦卻又故意擺高姿態，一副愛理不理的模樣，讓張儀在堂下如坐針氈；到了吃飯的時候，蘇秦更隨隨便便地吆喝他去跟奴僕坐在一塊兒。

眼看張儀快要氣炸了，哪還吞得下一口飯，蘇秦立刻再將情勢拉到最高點，以很不屑的口吻對他說：「以你的才能，竟然貧困、卑賤到這種地步，實在是難以想像。」而且火上加油地說，「以我目前的身份地位，當然有辦法一句話就讓你馬上富貴臨門，但是看到你現在的樣子，我認為實在不值得我這樣做。」說完，便下逐客令，要張儀立刻滾蛋。

經過這一番羞辱，張儀當然氣得說不出話來，恨不得馬上給蘇秦一刀。不過理智告訴他，君子報仇，十年不晚，心想只有秦國才有辦法制伏趙國，於是便打算進入秦國尋找機會，以便他日報仇雪恨。

就在張儀氣沖沖掉頭走人的時候，蘇秦早已安排好，讓一名親信跟隨在張儀左右，而且還送了一套車馬和很多金錢，方便張儀四處打點。就這樣，張儀很快便見到了秦王，沒多久，也如願以償地得到了禮遇與信任，而且還進一步討論到如何攻伐諸侯的策略。

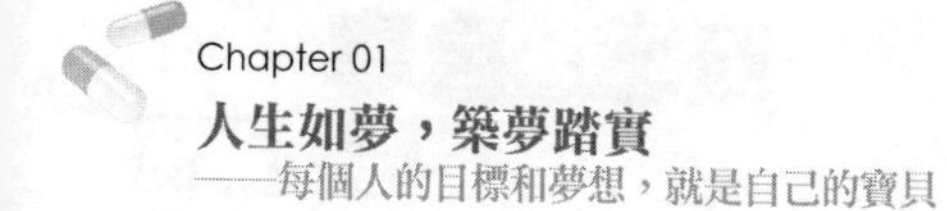

這個時候，蘇秦派來的那名隨護，覺得任務已經達成，便向張儀告辭，準備要回趙國去。

張儀不捨地說：「我靠你的幫忙，才有機會出頭，正想要報答你的知遇之恩，為何現在就要回去呢？」

這名隨護隨即回答說：「我並不瞭解你，瞭解你的是我的主人蘇秦。現在老實告訴你好了，蘇秦是因為擔心秦國攻伐趙國，破壞他的合縱之策。更重要的是，他認為你具有足夠的才識，可以掌握秦國的大政，所以才故意激怒你，讓你投奔秦國。而資助你的那些錢財，也都是蘇秦吩咐的。現在，我的任務已經完成，要回去交差了。」

張儀這時才恍然大悟，並感歎地說：「我被蘇秦掌握在股掌之間，卻不自知，顯然我的才能並不如蘇秦，如何打得過趙國呢？」

張儀便要這名隨護回去後代他向蘇秦表示感謝，同時捎了口信向蘇秦保證，在蘇秦擔任趙國宰相期間，秦國絕不攻打趙國。

就這樣，在蘇秦擔任趙國宰相期間，張儀果然都未曾計劃攻打趙國。

心語：

蘇秦的通天本領將世局掌握得如此精準，幾乎左右了歷史的走向。而他這段識人、識才的故事，也的確發人深省。

大人物做大人物的事，平凡人走平凡人的路。人世間的是是非非、因因果果，儘管錯綜複雜，卻也不是毫無軌跡可尋。如果願意費心體察，或許就容易看得見它的細微之處，察覺其中隱而未發的軌跡；而掌握得愈深入、愈貼近，也必然較有趨吉避凶或主宰未來的能力與機會。看得遠，做人圓，等於買保險，不是嗎？

當然，如果不用功，凡事又是抱著水來土掩、誰怕誰的老大心態，根本是一種偷懶、鴕鳥的行為，常常跌得鼻青臉腫，也不是一件令人意外的事。

要成功，看來仍然少不了一番對於人情世故的精算功夫。

退路安排好，進攻免煩惱！

有一天夜晚，京城某個富有人家遭到了一群蒙面盜賊洗劫，盜賊遠走後失主卻撿到了一本盜賊遺失在現場的筆記本。細細一看，發現原來上面記載著一些富貴人家子弟的姓名，而且旁邊還加註「某日某甲在哪裡和誰飲酒作樂」，或者是「某日某乙到哪裡賭博、嫖妓」……等等共二十條。

天亮後，失主迅速將筆記本交給官府，官府認定這應當是盜賊不小心自曝身份的線索，於是就按照筆記本上所列的名字，一一將他們捉拿到案。經過審問，發現全都是平日無所事事的紈褲子弟，而筆記本所登載某甲、某乙等一干嫌犯，某日到哪裡喝酒、嫖妓等等事項也都是事實。

這群浪蕩少年，雖然極力否認犯案，但由於平日素行不良，官府認為一定是推托之辭，不予採信，不但一口咬定他們就是當天做案的盜賊，連家長們也啞口無言，認為應該就是這些不肖子弟所幹的好事。

經過一陣嚴刑逼供後，這群紈褲子弟個個慘不忍睹，最後紛紛承認做案。不過，所盜財物到底藏在何處，竟然供詞不一，這讓官府有些困惑，再經多日審訊，強力逼供後，少年們終於說是埋在郊外某處。經過挖掘，果然在該地取出贓物。由於罪證確鑿，全案至此，可算告一段落，少年們當然是相顧痛哭失聲，大喊：「天滅我也！」

不過，整個辦案過程，一位協辦官員卻產生疑問，只是理不出問題出在哪裡。經過仔細推敲，卻發現官府中的一位馬伕，審理別的案子從未出現，審這個案子時，卻每審必到，而且神色有些不自然。於是，他就將這名馬伕召來問話。馬伕起先並不肯透露實情，經過一番技巧性的威脅利誘後，才突破心防，說出自己被真正盜賊收買的經過。

原來，那群盜賊要他將本案官員與少年之間的問答向他們報告，並且在得知少年瞎說贓物埋藏地點後，迅速將一小部分贓物埋在該地，以順利嫁禍。最後，馬伕也供出與這群竊賊的連絡地點，官員隨即將他們逮獲歸案，洗刷了這群浪蕩少年的不白之冤。

經過調查，所有人萬萬也沒想到，整個事件竟然是一群盜賊精心策劃的傑作。從平日偷偷登載少年行蹤，到故意遺失筆記本以便嫁禍，到收買馬伕，熟知供詞、審判過程等等，無一不是步步高明的脫罪棋局。還好，有一位明察秋毫、法眼明亮的官員，否則這群浪蕩少年，豈不成了百口莫辯的無辜羔羊？

心語：

以這群盜賊來說，厲害的地方，不在於成功偷到東西，而在於精密的嫁禍安排，儘管百密一疏，仍不能否認他們具有高度的「科學精神」。這正是犯罪沒什麼，脫罪才厲害的最佳寫照。先做好撤退計劃，再進行攻擊，確保萬無一失，進退自如，即使是最高明的沙場戰將，恐怕也不過是如此。

引申到正面的人生來看，創業成功固然很重要，但如何經營順利，穩當獲利，才是重點。學生讀書、考上學校很重要，但如何獲得知識、發揮所長更重要。買到中意的房子很重要，但如何確保安全更重要。男婚女嫁很重要，但如何維持婚姻長久和諧更重要。總之，一個成功的拳擊手，必先培養經得起挨打的能力，攻擊時才更有後盾；起起伏伏的人生戰役，得先有穩當的後路考量與安排，才不容易在挫折時一蹶不振！不是嗎？

有實力，才有好運氣

有一位老伐木工正在對新入行的班納德解釋要如何砍樹，老伐木工說：「要是你不知道樹砍斷後會落在什麼地方，那麼就不要砍它。而且樹總是會朝支撐力少的方向落下，所以，如果你想讓樹朝哪個方向落下，只要削減那一方的支撐力就可以了。」班納德聽完，心中覺得半信半疑，他知道要是稍有差錯，他們要不是損壞一棟昂貴的別墅，就是弄垮一幢磚砌的車庫。班納德滿心不安地依照老伐木工的指示，在兩幢建築物中間的土地上畫一條線。

在那個還沒有電鋸的時代，砍樹主要靠的是腕力和技巧。

老伐木工等班納德準備完成之後，揮起斧頭便向大樹砍去。這棵大樹的直徑大約一公尺，老伐木工年紀雖然大，但臂力還是很強勁。過了半小時，大樹果然不偏不倚地倒在班納德所畫的線上，而且樹梢離房子還有很遠的距離。班納德很佩服老伐木工的本事，但是老伐木工什麼也沒有表示，只是默默地將大樹砍成整齊的圓木，再把樹枝劈成柴薪。

班納德對老伐木工說：「你的技術真好！我絕對不會忘記你今天所教導的砍樹技巧！」

一直不發一語的老伐木工，這時才緩緩地對班納德說：「算我們的運氣好，今天沒有風。你要注意，永遠要提防風！」

心語：

雖然成功有時候也會受到運氣的影響，但是運氣不可能平白無故地從天上掉下來，而是在累積一定的實力之後，才會降臨在努力的人身上。

如果沒有努力過，只妄想著依靠運氣就能成功，那麼就算僥倖成功了，這種成功往往也只是曇花一現，難以長久維持。殊不見，在各式各樣的領域裡，不就充斥著這類猶如流星一般的所謂「成功人士」？

你的眼睛長在背上嗎？

人們總會有這種刻板印象，認為成功人士的所做所為一定都很了不起。其實，像牛頓這些擁有創見的科學家們，他們所研究的其實都是日常生活中所發生的現象。唯一不同的，就是他們能從這些大家都知道的普遍現象中，看到不平凡的內在或關聯。

所羅門王說過：「智者的眼睛長在頭上，愚者的眼睛卻長在背上。」只有具備洞察力的人，才能穿透事物的表象，深入事物的內在結構和本質，並且透過觀察比較，發現各種事物內在的差異和價值。例如，在伽利略之前，很多人都知道懸掛的物體會有節奏性來回擺動的特性，可是卻只有伽利略能從這種現象中看出其價值，並且歸納出一般人所無法得到的結論。

十八歲的伽利略在比薩教堂中，看到懸掛的油燈來回盪不停，因此想出了計時的辦法。從此之後，經過五十年漫長的潛心鑽研、探索，伽利略終於成功發明

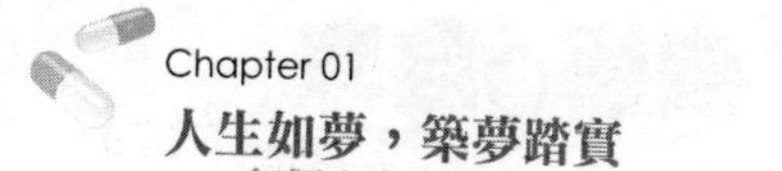

了鐘擺，而且這項發明對於精確計算時間和從事天文研究，都產生了十分重大的影響。

還有一次，伽利略偶然間得知一位荷蘭眼鏡商發明了一種儀器，透過這個儀器，人們可以清楚地看見遠方的物體。這個消息促使伽利略開始研究這一現象背後的原理，並且讓他成功地發明了望遠鏡，從而奠定現代天文學的基礎。

心語：

堅強的意志、努力工作和等待機遇，是通往成功的三大基礎。

法國科學家巴斯德就曾說過：「字典裡最重要的三個字是：意志、工作與等待。我要在這三個基礎上建立我成功的金字塔。」

所有的發明，都不可能是因為漫不經心的觀察就可以發現的。有些人將自己的成功歸功於偶然的機遇，但不可否認的是，若沒有之前漫長的努力，這些成就也不會憑空出現。只有努力再加上毅力，成功才會在不經意的時候，出現在堅持到最後的人面前。

你有沒有成功的勇氣？

莫瑞兒・西伯特常被尊稱為「金融界的第一女士」，因為她在紐約的證券交易所裡擁有席位，並且是第一個在交易所擁有席位的女性。而她位於紐約的莫瑞兒・西伯特公司，也是全美最成功的經紀公司之一。

西伯特從小就希望擁有自己的事業，所以她從俄亥俄州到紐約來打天下，而剛到紐約的時候，全身的財產只有牛仔褲裡的五百美元。她在紐約的第一份工作，是在一家經紀公司當一名周薪六十五美元的實習研究員。

有一天，西伯特接到一個好消息，一家她曾經受託寫過報告的公司來電告訴她，因為她寫的產業分析報告，使他們公司賺了一筆錢，就這樣，西伯特得到了她生平第一份公司訂單。從此，西伯特的業績開始蒸蒸日上，不過她並不因此而滿足；她一直努力想爭取一家大型經紀公司的合夥資格，但卻因為女性的身份而遭到對方拒絕。這個打擊讓西伯特明白了一件事：想要在這個男性掌權的環境中生存下去，就必須創立自己的事業。雖然，當時她連租一個辦公室的資金都湊不出來，只能利用別家公司所提供的小角落充當辦公室，但她還是決心要放手一搏。莫瑞兒．西伯特就在這個臨時辦公室裡展開了她的事業。

結果，在六個月之內，西伯特就遷出了這個簡陋的辦公室，搬進屬於她自己的辦公室。而且，經過不斷地奮鬥之後，莫瑞兒．西伯特終於成功地建立了頗具規模的企業。

心語：

英國詩人布朗寧曾經說過：「胸懷遠大目標，無論達到與否，都會使人的生活充滿意義。」

在訂定奮鬥目標之前，一定要先徹底瞭解自己有沒有充足的準備，並且反覆地檢討自己的優缺點，因為，未經深思熟慮，貿然的行動，只會讓自己陷入不必要的麻煩中。其中，充分瞭解自己的個性是掌握成敗的關鍵，只要能針對缺點改進，那麼原本不屬於你的成功特質，也會在不斷地努力後，逐漸成為你個性的一部分。

不用手段，就是最高明的手段

有一個瞎眼的乞丐，每天早上都會帶著一個小女孩，固定站在街角向過往的行人乞討。

有一位老婦人每天都會經過這條街，也總是會在乞丐的破碗中丟下幾個銅板。時間一長，老婦人和這對大小乞丐也慢慢地熟悉了起來。

有一天，老婦人突然停下來和小女孩聊天，老婦人問女孩說：「小姑娘，旁邊這位是妳的父親嗎？」

小女孩回答老婦人說：「是的，他是我的父親。」

老婦人帶著憐憫的眼光，看著這個瞎眼的乞丐：「真是可憐，妳父親眼睛看不見嗎？」

小女孩回答：「是的，夫人，我的父親是個瞎子。」

老婦人歎了一口氣說：「唉，命運真是會捉弄人，妳父親的眼睛是什麼時候瞎的？」

小女孩天真地回答道：「每天早上的九點鐘。」

心語：

不論大小，任何手段都是需要花時間來策劃和執行的。

如果直接將這些時間用在自己該做的事情上，讓事情做得更完美，那麼豈不是一樣可以達到目的，而且也不會傷及自己與別人的友好關係，何樂而不為呢？

與其花心思、花時間耍手段，為什麼不把時間省下來，把心思實實在在地用在完成自己的目標上呢？

比照目標做事

哲學家漫步於田野中，發現水田當中新插的秧苗竟排列如此整齊，猶如用尺量過一樣。

他不禁好奇地問田中老農是如何辦到的。

老農忙著插秧，頭也不抬，要他自己插插看。哲學家捲起褲管，喜滋滋地插完一排秧苗，結果竟是參差不齊，慘不忍睹。

他再次請教老農，老農告訴他，在彎腰插秧時，眼光要盯住一樣東西。

哲學家照做，不料這次插好的秧苗，竟成了一道彎曲的弧線。

老農問他：「你是否盯住了一樣東西？」

「是啊，我盯住了那邊吃草的水牛，那可是一個大目標啊！」

「水牛邊走邊吃草，而你插的秧苗也跟著移動，你想這個弧形是怎麼來的？」

哲學家恍然大悟，這次，他選定了遠處的一棵大樹，果然插出來的秧苗非常的直。

老農並不比哲學家有智慧，但他懂得去比照目標做事。

心語：

無論你現在在哪裡，重要的是你將要向何處去。只有樹立明確的目標，才有成功的可能，沒有目標的航船，任何方向的風對他來說都是逆風。

選擇方向

有兩隻螞蟻想翻越一段牆，尋找牆那頭的食物。這段牆長有二十來米，高有近百米。其中一隻螞蟻來到牆角，就毫不猶豫地向上爬去，辛苦地努力向上攀爬，每當牠爬到大半時，就會由於勞累、疲倦等因素而跌落下來。雖然一次次跌下來，牠總是又迅速地調整自己，重新開始向上爬去。而另一隻螞蟻觀察了一下，決定繞過這段牆。很快地，這隻螞蟻繞過這段牆來到食物面前，開始享用起來；而那隻「勇敢、堅定」的螞蟻，還在不停地跌落下去又重新開始。

心語：

很多時候，成功除了勇敢、堅持不懈外，更需要方向。也許有了一個好的方向，成功來得比想像的更快。

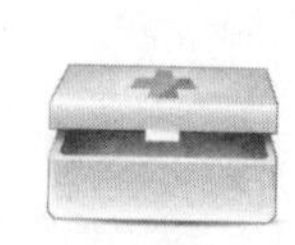

一個貪財的人

一個貪財的人，擁有數不清的土地和金錢。一個夏天的下午，他去尋找埋在田野裡的寶藏。一路上，他口渴得要命。好不容易遇到一個賣檸檬水的商販，一問價錢，又覺得太貴了。他自言自語地說：「這太貴了，我要快點趕路，等找到寶藏後回到家裡去喝水，這樣就一點兒錢也不用花了。」他繼續趕路，口渴不停地折磨著他。等到了埋藏寶藏的地方，他已經渴得快要死了。等他掙扎著把寶藏挖出來時，已經不能動彈了。他把金子放在面前，向蒼天哀求把它們變成一滴水給自己解渴。可是，唉！他已經死了。人死了，再多的寶藏又有何用處？

心語：

拘泥於微小的利益，就無法成就大事業。獨具慧眼的人，決不會把視野局限在眼前的小利上，而是用極有遠見的目光關注未來。

四次龜兔賽跑

從前，有一隻烏龜和一隻兔子在互相爭辯誰跑得快。他們決定來一場比賽分高下，選定了路線，就此起跑。兔子帶頭衝出，奔馳了一陣子，眼看已遙遙領先烏龜，心想，應該可以在樹下坐一會兒，放鬆一下，然後再繼續比賽。兔子很快在樹下睡著了，而一路上笨手笨腳走來的烏龜則超越了牠到達了終點，成為貨真價實的冠軍。

等兔子一覺醒來，才發覺自己已經輸了。兔子當然因輸了比賽而備感失望，為此牠做了些缺失預防工作。經過一番「根本原因解析」後，牠很清楚，失敗是因為自己太自信、大意以及散漫。

如果牠不自認一切都是理所當然，烏龜是不可能打敗牠的。因此，牠邀請烏龜再次進行一場比賽，而烏龜也同意了。這次，兔子全力以赴，從頭到尾，一口氣跑完，領先烏龜好幾公里到達終點。

這下輪到烏龜要好好檢討了，牠很清楚，照目前的比賽方法，牠不可能擊敗兔子。牠想了一會兒，然後邀請兔子再來一場比賽，舉辦地點就在另一條稍許不同的路線上。兔子同意了，然後兩者同時出發。為了確保自己立下的承諾——從頭到尾要一直快速前進，兔子飛馳而出，極速奔跑，直到碰到一條寬闊的河流。而比賽的終點就在幾公里外的河對面。兔子呆坐在那裡，一時不知怎麼辦。這時候，烏龜卻一路蹣跚而來，衝入河裡，游到對岸，繼續爬行，完成比賽。

這下子，兔子和烏龜成了惺惺相惜的好朋友。牠們一起檢討，兩個都很清楚，在上一次的比賽中，牠們可以表現得更好。所以，牠們決定再賽一場，但這次是團隊合作。牠們一起出發，這次是兔子扛著烏龜，直到河邊。在那裡，烏龜接手，背著兔子過河。到了河對岸，兔子再次扛著烏龜，兩個一起抵達終點。比起前次，牠們都感受到一種更大的成就感。

心語：

這是個亙古不變的真理，連這條真理也將改變——因為惟一不變的是改變。拒絕改變就是等待著在生命延續中頹廢下去。

不要永遠等下去

一九七三年，英國利物浦市一個叫科萊特的青年，考入了美國哈佛大學，常和他坐在一起聽課的是一位十八歲的美國小伙子。大學二年級那年，這位小伙子和科萊特商議一起退學，去開發32Bit財務軟體，因為新編教科書中，已解決了進位制路徑轉換問題。

當時，科萊特感到非常驚詫，因為他來這兒是為了求學，不是來鬧著玩的。再說對Bit系統，墨爾斯博士才教了點皮毛，要開發Bit財務軟體，不學完大學的全部課程是不可能的。他委婉地拒絕了那位小伙子的邀請。

十年後，科萊特成為哈佛大學計算機系Bit方面的博士研究生，而那位退學的小伙子也是在這一年，進入美國《富比士》雜誌億萬富豪排行榜。一九九二年，科萊特繼續攻讀並且拿到博士後學位；那位美國小伙子的個人資產，在這一年則僅次於華爾街大亨巴菲特，達到六十五億美元，成為美國第二富豪。

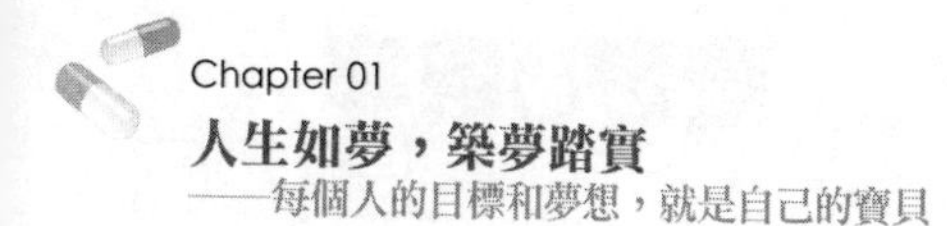

一九九五年科萊特認為自己已具備了足夠的學識，可以研究開發32Bit財務軟體了，而那位小伙子則已繞過Bit系統，開發出Eip財務軟體，它比Bit快一千五百倍，並且在兩周內佔領了全球市場，這一年他成了世界首富，一個代表著成功和財富的名字——比爾·蓋茲也隨之傳遍全球每一個角落。

心語：

比爾·蓋茲哈佛沒畢業就去創業了，假如等到他學完所有知識再去創辦微軟，他還會成為世界首富嗎？在這個世界上，似乎存在著這麼一個真理：對一件事，如果等所有的條件都成熟才去行動，那麼他也許得永遠等下去。

世上本沒有路

大雪過後，一位年輕的父親帶著年幼的孩子走在路上。雪地上不知已被誰掃出了一條窄窄的路，很多人都規矩地沿著這條路緩緩走過。當父子倆也走到這條路上時，兒子卻調皮地走到雪地上去了。父親見了便呵斥道：「快回來，別人沒有走過的路有危險，摔倒了怎麼辦？」孩子用稚嫩的聲音回答：「爸爸你看，我並沒有摔倒，還踩出了一條自己的路呢！」父親一看，果然兒子身後留下了一串小小的腳印。而自己的身後，卻依然是那條別人走過的路，沒有留下任何痕跡。

心語：

世上本沒有路。如果你沿著別人的腳步走，或是沿著已經準備好的路走，那樣也許會很平安，也沒有什麼風險，但與此同時，你也選擇了平庸的人生。

抖落生命中的泥沙

有一天，農夫的驢子掉進一口枯井裡，農夫絞盡腦汁想救出驢子，但幾個小時過去了，驢子還在井裡痛苦地哀嚎著。

最後，農夫決定放棄，他想這頭驢子年紀大了，不值得大費周折去把牠救出來，不過無論如何，這口井還是得填起來。於是農夫就請來左鄰右舍一起幫忙填井。

農夫的鄰居們人手一把鏟子，開始將泥土鏟進枯井中。當這頭驢子瞭解到自己的處境時，剛開始哭得很淒慘。但出人意料的是，一會兒之後這頭驢子就安靜下來了。

農夫好奇地探頭往井底一看，出現在眼前的情形令他大吃一驚：當鏟進井裡的泥土落在驢子的背部時，驢子將泥土抖落在一旁，然後站到鏟進的泥土堆上面。

就這樣，驢子將大家鏟在身上的泥土全數抖落在井底，然後再站上去。很快地，這隻驢子便得意地上升到井口，然後在眾人驚訝的表情中快步地跑開了！

心語：

沒有經過困苦的磨礪，就不可能成為強者。只要我們鍥而不捨地將生命中的泥沙抖落，以它作為墊腳石，那麼即使是掉落到最深的井裡，也能安然地脫困。

放走機會的人比比皆是

一個青年決定外出尋寶，他經歷了千辛萬苦，終於在熱帶雨林中找到了兩棵稀有的樹木。

這種樹木的樹心散發著濃郁的香味，把它放入水中不浮反沉。

青年十分高興，拖著這兩棵樹到集市上去賣。整整一上午，青年的樹無人問津，而旁邊賣炭的人生意卻十分好。

青年覺得賣炭更划算，便將樹也燒成了木炭。這一下，青年果然很快就將木炭賣光了。

他揣著錢袋，回家高興地把此事告訴了父親。

誰知老父親聽完後卻連聲惋惜，他遺憾地對青年說：「孩子，你所找到的正是世上最珍貴的沉香樹啊，從它上面切一小塊磨成碎末，價錢也頂過你賣一年的木炭。」

青年追悔莫及，恨自己有眼無珠，白白糟踏了珍貴的寶物。

心語：

現實中，像這個青年這樣眼睜睜放走機會的人比比皆是。機會曾叩響過每一個人的窗門，但並不是所有的人都會出門迎接它。其實，機會並不難得，難得的是抓住機會的能力。

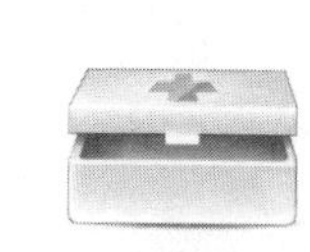

欲速則不達

一天，海馬做了個美夢，夢中有七座金山在呼喚牠。為了這個冥冥中的召喚，牠決定去尋找屬於自己的財富，並且變賣了全部的家當，帶上了換來的七個金幣。

牠覺得自己游得太慢，看到了鰻魚背上的鰭，於是就用四個金幣買了下來。儘管速度提高了許多，但是海馬還是沒有看到夢中的金山。

半路上，牠又看見了水母的快速滑行艇。為了提高自己的速度，海馬忍痛用剩下的三個金幣買下了這個小艇。這次牠的速度提高了五倍，但是金山還是沒有出現。

一條大鯊魚出現在牠的面前，熱情地說：「要是有我的幫助，你想有多快就有多快。我本身就是一艘風馳電掣的大船，你上船吧！」大鯊魚一臉的友好和善，張開了大嘴。

小海馬高興地說：「謝謝你！我就要找到金山了！」說完鑽進鯊魚的口裡……

心語：

在現代的高節奏生活壓力下，無論做什麼都在提醒自己：快一點，再快一點。盲目求快，欲速則不達。急功近利，不顧自己的實力，必將能源耗盡一事無成。

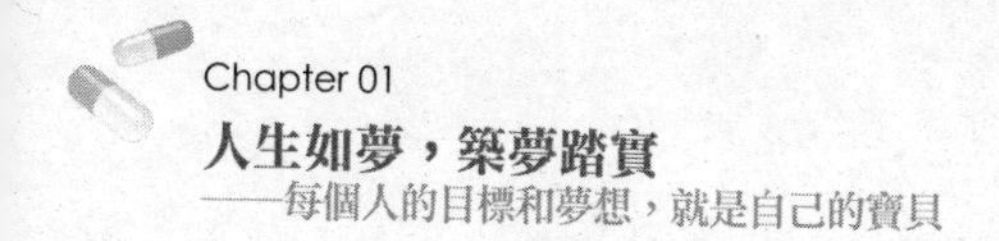

先想像成為然後才能擁有

一位鋼琴家在戰爭時被敵軍俘虜了，他被囚禁在剛好能棲身的籠子裡，一關就是七年。他的身體已被折磨得不成人形，可是，在他的心中仍滿溢著一定能活下去的強烈慾望。戰爭結束後，鋼琴家被遣返回國，開始新生活。人們驚奇地發現，他彈鋼琴的造詣和熟練程度不但沒有衰退，反而比被俘虜之前還精湛。

原來在他被俘虜的那段期間，為了克服極度的恐懼並且鼓勵自己繼續活下去，他每天都在腦海中彈鋼琴，七年下來，每一個細節他都記得一清二楚。

心語：

先去相信，然後才能看見。先想像成為，然後才能擁有。你的成功歷程正就如你的所思所想，你的頭腦經常出現什麼樣的畫面，在生活中你就會實現什麼。

Chapter 02

朝聞道，夕死可矣！——學習和成長是一輩子的事

The key to a happy life

保持心理的平衡

一對貧窮的農民夫婦，依靠自家的一塊田地維持生計，每年只能從田裡收穫勉強可以維生的收成。惟一值得欣慰的是，他們家還養著一隻母雞，每天可以得到一個雞蛋，為他們貧窮的生活帶來一點有限的補貼。或許是由於上天的憐憫，有一天這隻雞生下了一個金蛋。他們把蛋拿到市場上去賣，結果得到的現金多得嚇了他們一跳。這麼大筆的錢，竟然如此簡單就得到了。

他們回到家裡，直盯著生金蛋的雞看，他們心想：以後再也用不著過那種披星戴月卻僅僅果腹的日子了，只要這隻雞每天能下一個金蛋就行。他們哪裡知道這是幸運之神的眷顧啊！後來靠著一天一個金蛋，夫婦倆逐漸富裕了起來，他們買下肥沃的田地，蓋起寬敞漂亮的大房子，請了許多僕人，日子也開始過得奢靡起來。以前貧窮的日子並沒有讓他們學會珍惜這上天眷顧的幸福，而是在奢靡之中滋長了無盡的貪慾。

在奢侈的舞會結束後，妻子說：「既然母雞每天可以下一個金蛋，那它的肚子裡一定有很多很多的金蛋，說不定就是一個金庫……」

丈夫打斷她說：「對，我們乾脆把雞殺了，把肚子裡所有的金蛋都拿出來！」

於是他迅速地爬起來，將那隻下金蛋的雞殺了。但是剖開之後，他發現和普通的雞並沒有兩樣，根本沒有什麼金蛋，更不用說什麼金庫了！農夫非常懊悔親手毀了自己的致富寶貝，但為時已晚。一直在天上注視著他們的幸運女神目睹了剛才的慘劇，憤怒之下將他們所有的財產化作了一陣清風。

心語：

機會是可遇不可求的，當它降臨到自己的身上時，一定要保持心理的平衡。不要想著一下子就將這個可貴的資源全部開採完。

夢想是你自己的寶貝

安地斯山脈有兩個好戰的部落，一個住在低地，另一個住在高山上。

有一天，住在高山上的部落入侵位於低地的部落，並帶走該部落的一個嬰兒作為戰利品。

低地部落的人不知道如何攀爬到山頂，即使如此，他們仍然決定派遣最佳的勇士部隊爬上高山去帶回這個嬰兒。勇士們試了各種方法，卻只爬了幾百呎高。正當他們決定放棄解救嬰兒，收拾行李回去時，卻看到嬰兒的母親正由高山上朝他們走來，背上還縛著她的小孩。

其中一位勇士走向前迎接她說：「我們都是部落裡最強壯有力的勇士，連我們都爬不上去，你是如何辦到的呢？」

她聳聳肩說：「他不是你的小寶貝。」

心語：

每個人的目標和夢想，就是自己的寶貝。沒有人會比自己更重視、保護它，並且為它奮鬥，千萬不要期待他人，你必須自我要求。

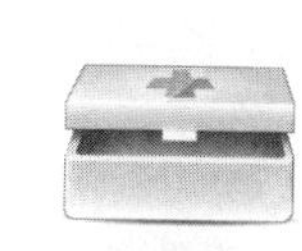

靈感只垂青善於思考的頭腦

一位孤獨的年輕畫家，在屢經挫折後，終於找到了一個工作。他住在廢棄的車庫裡，深夜常常聽到一隻小老鼠吱吱的叫聲。久了，小老鼠竟爬上他的畫板嬉戲。不久，畫家被介紹到好萊塢去製作一部有關動物的卡通片，一開始，他的工作進度很緩慢，常常為該畫些什麼而苦思冥想。終於，在一個深夜，他回憶起那隻在畫板上跳舞的老鼠。於是，靈感如泉水湧出，作品一氣呵成。年輕的畫家就是美國極負盛名的華德·迪士尼先生，他創造了風靡全球的米老鼠。

心語：

靈感和勇氣，只垂青那些不畏逆境而善於思考的頭腦。你痛苦過嗎?·痛苦是你自身的作品，上帝總會啟迪你把痛苦轉換為奮鬥和拚搏的力量。

你將要登上你自己的頂峰

幾年以前一個世界探險隊準備攀登馬特峰的北峰，在此之前從來沒有人到達過那裡。

記者對這些來自世界各地的探險者進行了採訪。

一位記者問其中一名探險者：「你打算登上馬特峰的北峰嗎？」

他回答說：「我將盡力而為。」

記者又問另一名探險者：「你打算登上馬特峰的北峰嗎？」

這名探險者答道：「我會全力以赴。」

記者問了第三個探險者同樣的問題。

他說：「我將竭盡全力。」

最後，記者問一位美國青年：「你打算登上馬特峰的北峰嗎？」

這個美國青年直視著記者說：「我將要登上馬特峰的北峰。」

結果，只有一個人登上了北峰，就是那個說「我將要」的美國青年。他想像自己到達了北峰，結果他的確做到了。

心語：

盡力而為、全力以赴、竭盡全力永遠都不如積極的心態來得自然。無論我們追求的是什麼，都應該在實現目標之前想像我們已經做到了這一點。先想像得到，再去得到。

別帶著空槍上路

獵人帶著他的袋子、彈藥、獵槍和獵狗出發了。雖然人人都勸他在出門之前把彈藥裝進槍筒裡，他還是帶著空槍走了。

「廢話，」他嚷著，「以前我沒有出去打獵過嗎？我走到那裡得花一個鐘頭，有的是時間裝子彈。」

然而，他還沒走過沼澤地，就發現一大群野鴨密密麻麻地浮在水面上，一槍就能打中六七隻，夠他吃一個禮拜了，如果他出發前裝了子彈的話……

現在他匆忙裝上子彈，野鴨已經發出警示，一齊飛起來了，很快就看不見了。

糟糕的是，天空又突然下起雨來。獵人渾身都是雨水，袋子空空如也，只好拖著疲憊的腳步回家去了。

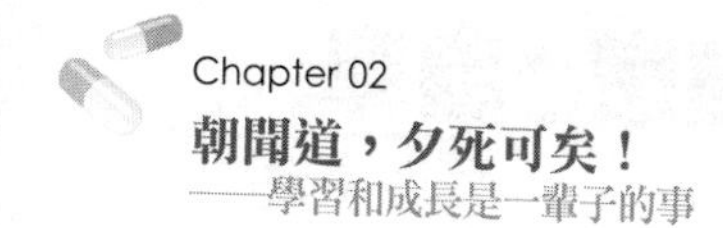

心語：

成功的事每天都會發生。成功的人每天都有事做。今天的事是新鮮的，與昨天的事不同，明天也自有明天的事。所以今天的事，千萬不要拖延到明天，今天的檔膛也千萬別讓它空著。

少了一個鐵釘，失了一個國家

國王查理三世和公爵亨利準備拚死一戰，這場戰鬥將決定誰統治英國。戰鬥進行的當天早上，理查派一個馬伕備好自己最喜歡的戰馬。

「快點替牠釘馬蹄，」馬伕對鐵匠說，「國王希望騎著牠打頭陣。」

「你得等等，」鐵匠回答，「我前幾天替國王全軍的馬都釘了蹄，現在我得找點鐵片來。」

「我等不及了。」馬伕不耐煩地叫道。

鐵匠埋頭幹活，從一根鐵條上弄下四個馬蹄，把它們砸平、整形，固定在馬蹄上，然後開始釘釘子。釘了三個後，他發現沒有釘子來釘第四個了。鐵匠本來是準備重新打釘子將馬蹄釘好的，但在馬伕的催促下，只好隨便將蹄鐵固定上去。

兩軍交鋒了，查理國王就在軍隊的陣中，他衝鋒陷陣，指揮士兵迎戰敵人。

遠遠地，他看見在戰場另一頭，己方幾個士兵退卻了。如果別人看見他們這樣，也會後退的，所以查理快速衝向那個缺口，召喚士兵調頭戰鬥。

他還沒走到一半，那只隨便固定上去的馬蹄鐵掉了，戰馬跌翻在地，查理也被掀在地上。國王還沒有抓住韁繩，驚恐的畜生就跳起來逃走了。查理環顧四周，他的士兵紛紛轉身撤退，亨利的軍隊包圍了上來。

他在空中揮舞寶劍，「馬！」他喊道，「一匹馬，我的國家傾覆就因為這一匹馬。」

心語：

少了一個鐵釘，丟了一隻馬掌。少了一隻馬掌，丟了一匹戰馬。少了一匹戰馬，敗了一場戰役。敗了一場戰役，失了一個國家。細小而關鍵的一些因素，有的時候看起來毫不起眼，卻往往決定著事情的成功與失敗。

撿起生命中的那枚馬蹄鐵

父子倆一同穿越沙漠。在經歷了漫長的跋涉之後，他們都疲憊不堪，乾渴難忍，每邁出一步都異常艱難。

這時父親看到黃沙中有一枚馬蹄鐵在陽光的照耀下閃閃發光——那是沙漠先驅者的遺留品。

父親對兒子說，撿起它吧，會有用的。兒子一副不屑一顧的眼神，看了看一望無際的沙漠——有什麼用呢？兒子搖搖頭。於是，父親什麼也沒說，只是彎腰拾起了馬蹄鐵，繼續前行。

終於他們到達了一座城堡，父親用馬蹄鐵換了兩百顆酸葡萄。當他們再次跋涉在沙漠中遭遇乾渴時，父親拿出了酸葡萄，邊走邊吃，同時自己吃一顆還丟一顆在地上——兒子每吃一顆便要彎一次腰去撿。

心語：

拾一塊馬蹄鐵只要彎一次腰，而現在兒子卻不得不彎上一百次腰。

一個你認為無足輕重的小東西，往往到了關鍵時刻，便成了化解困厄和窘迫的金鑰匙。一件你不屑去做的小事，機緣一錯過，就不得不付出百倍的努力。

隨時保持「不滿」

一名徒弟跟著名師學習技藝，幾年之後，徒弟覺得自己的技術已經達到爐火純青，足以自立門戶，因此收拾好行囊，準備和大師辭別。大師得知了他的情況後問道：「你確定你已經學成了，不需要更上一層了嗎？」

徒弟指了指自己的腦袋說：「我這裡已經裝滿了，再也裝不下了。」

「喔，是嗎？」大師隨即拿出一隻大碗放在桌上，命徒弟把這隻碗裝滿石頭，直到石頭在碗中層層堆出一座小山後，大師問徒弟：「你覺得這隻碗裝滿了嗎？」

「滿了。」徒弟很快地回答。

大師於是從屋外抓起一把沙子，倒入石頭的細縫裡，然後再問一次：「那麼現在呢，滿了嗎？」

徒弟考慮了一會兒，恭恭敬敬地回答道：「滿了。」

大師再取了案頭上的香灰，倒入那看似再也裝不下的碗中，看了看徒弟，然後輕聲問：「你覺得它真的滿了嗎？」

「真的滿了。」徒弟回答道。

大師沒有再多說什麼，只拿起了桌上的茶壺，慢慢地把茶水倒入碗中，而水竟然一滴也沒有溢出來。徒弟看到這裡，總算明白了師父的良苦用心，趕緊跪地認錯，誠心誠意地請求大師再次收自己為徒。

心語：

「學無止境」，生有涯而知無涯，學習是沒有盡頭的，除非是自己局限自己。

意大利藝術大師達文西說：「微少的知識使人驕傲，豐富的知識則使人謙虛，所以空心的禾穗總是高傲地舉頭向天，而充實的禾穗則低頭向著大地，向著它們的母親。」

到了越高的境界，越會感到自己的不足，因此，把握生命的每分每秒，好好彌補這些不足，趁著年輕多多學習。

人外有人，天外有天，巔峰之上，還可以再創巔峰。

把心空出來學習新事物

有個學者為了修習禪學，來到一著名的寺院請教禪師。

學者恭恭敬敬地問：「請問師父，什麼叫做禪？」

禪師卻淡淡地說：「等等再說！」

只見兩個人對坐，禪師一邊與客人聊天，一邊為客人準備著好茶，不過卻對「禪」的定義隻字未提，淨與學者寒暄。

這時，學者發現杯裡的茶水已經倒滿，禪師卻仍不斷地繼續倒水。茶水不停地流溢，禪師似乎一點也沒有察覺，學者連忙提醒他：「禪師，杯裡的茶已經流出來了。」

禪師停住了手，淡淡地說：「是啊，人們就像倒水一樣，不斷地將自己的觀念與論點裝在心中，裝得那麼滿，自然要溢出來了！」

學者不解地問：「禪師，我是來請教『禪』的啊！」

禪師這時說道：「不將心中的杯子空出來，怎麼裝得下『禪』？」

心語：

悟性高的人在禪師故意傾倒茶水時，會看出禪師的用意，但是心中裝滿外在事物的人，只能看見「水溢出來」，卻看不見其中的「禪機」。

不管待人接物或是研究學問，都不要被「先入為主」的觀念所局限，一旦心中被這些自以為是的觀念佔滿，便無法接受別人不同的想法，容易造成不必要的衝突，自己也無法成長。同樣的，不要把過去的記憶經驗，移植到全新的工作環境中，那只會讓我們無法適應新環境，認為錯的都是別人。我們要像地球轉動一樣，日出日落，每一天都是全新的開始。

把心放空之後，我們才能再次迎接全新的感受。人生不斷地前進，片刻也無法停留，過去的就讓它過去，心中隨時留個空位，讓新的事物進來，才不會有任何懊悔與錯過。

從別人的失敗中學習經驗

五隻駱駝在沙漠裡吃力地行走，牠們和主人率領的十隻駱駝走散了，前面除了黃沙還是黃沙，一片茫茫，只能跟著最有經驗的老駱駝往前走。

不一會兒，從右側方向走出一隻精疲力竭的駱駝。原來牠是一周前就走散的另一隻駱駝。

另外四隻駱駝輕蔑地說：「看樣子牠也不是很精明啊，還不如我們呢！」

「是啊，是啊，別理牠！免得拖累咱們！」

「咱們就裝著沒看見，牠對我們可沒有什麼幫助！」

「看那灰頭土臉的樣子……」

四隻年輕的駱駝你一言我一語，都想避開這隻駱駝。老駱駝終於開腔了：「牠對我們會很有幫助的！」

老駱駝熱情地招呼那隻落魄的駱駝過來，對牠說：「雖然你也迷路了，境遇

比我們好不到哪裡去，但是我相信你知道往哪個方向是錯誤的。這就足夠了，和我們一起上路吧！有你的幫助我們會成功的！」

心語：

我們當然可以嘲笑別人的失敗，但如果能從別人的失敗中提煉機遇、學習經驗，那最好不過了。把別人的失敗當成給自己的忠告，非常有利於成長。

流汗總比流血好

一九四二年，第二次世界大戰正進行得如火如荼，隨著形勢的發展，戰場即將轉移至北非。

這時，巴頓將軍意識到自己的部隊早已習慣了歐洲舒適宜人的環境，一下子移師到天氣酷熱的北非，那裡惡劣的氣候將成為士兵們的頭號敵人。

所以，巴頓將軍就模擬北非的環境，建造了一個類似沙漠地區的訓練中心，讓士兵們在攝氏四十八度的高溫下，每天在沙漠裡跑一英哩，且規定每人每天只能用一壺水。

士兵們如同從天堂掉進了地獄，叫苦連天，但是巴頓將軍卻絲毫不肯鬆懈，他以身作則，陪著士兵們一起接受種種艱苦的訓練，並鼓勵士兵們說：「平時多流一點汗，打仗時就可以少流一點血。」

不久，盟軍總部下達了開戰的命令，巴頓將軍率領著部隊進入北非沙漠，先前的訓練此時全派上用場，部隊很快就適應了沙漠裡的酷熱，絲毫不受環境影響，並且一舉打敗德軍，在北非沙漠裡屢建奇功，終於凱旋而歸。

心語：

老鷹在練習飛翔時總是順風而飛的，一旦遇到了危險，轉過頭來逆風而行時，反而可以飛得更高。

環境對人的影響很大，草木不經霜雪則生意不固，人若不經憂患則德慧不成，什麼樣的環境，便造就出什麼樣的人，如果不懂得適應環境，就會像溫室裡的花朵，一旦移出室外，必定枯萎而死。

林肯曾經說過：「平時的學習與經驗，是我們在危急關頭時最有力的支持者。」

因此，不要埋怨吃苦，應該感謝上蒼，至少你還有吃苦的機會。

換個角度，就會找到出路

小高有一次在外頭玩得太晚，只好走夜路回家，途經荒野，一片漆黑。小高一邊走一邊咒罵，懊悔自己早先遺落了打火機，害得現在連一點照明的工具都沒有。正在怨天尤人時，突然眼前出現了一點亮光，逐漸向自己靠近，於是小高加快腳步，朝燈光走過去。等到走進燈光時，小高才發現那個拿著手電筒走路的人，竟然是個雙目失明、戴著墨鏡的瞎子。

小高感到十分詫異，於是開口問那個瞎子：「你又看不見，手電筒對你而言一點用處也沒有，為什麼還要帶著手電筒呢？」

瞎子聽了小高的話後，緩緩地歎了一口氣說：「你有所不知，這條路實在太黑了，別人常常看不到我，匆匆忙忙走過去，一不小心就把我給撞倒了，所以我只好拿著手電筒走路。雖然我看不到別人，但是別人可以看到我，就不會再把我撞倒了。」

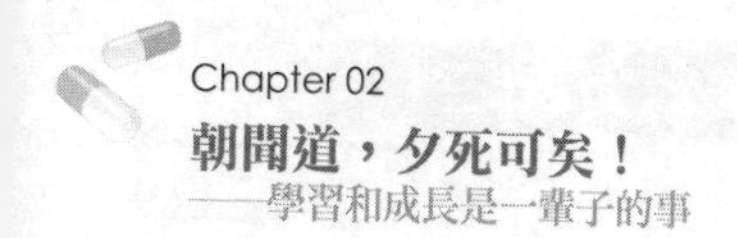

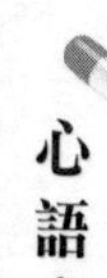

心語：

英國劇作家肖伯納曾說過：「當問題發生時，人們往往歸咎於環境。事實上，一個人應該努力適應四周的環境，如果無法適應，便要自己去創造環境。」

在這則故事中，聰明的瞎子懂得變通，製造了一個適合自己的環境，可說利人又利己。

人生處處充滿著意外和變化，只知道沿襲過去或安於現狀的人，最後必然失去未來。做人就應該和這位瞎子一樣，懂得適時轉彎，反向思考。為自己的困頓找出路，困難其實沒有想像中那麼複雜，只要換個角度，你便可以看得更清楚。

今日不建教室，明日必蓋監獄

一位兒童心理學家請來兩位七歲的孩子進行一項實驗。他先給其中一位孩子看一幅畫，畫裡是一隻小熊坐在餐桌旁邊哭，而熊媽媽雙手插著腰，板著臉站在一旁。

「你覺得這幅畫在說些什麼呢？」心理學家問。

孩子想了想，然後用天真童稚的口吻說：「這隻小熊在哭，因為他肚子餓，想吃東西，可是家裡已經沒有東西吃了，熊媽媽雖然也很難過，但是她實在沒有辦法再弄東西給小熊吃，只好凶巴巴地命令小熊不許哭。」

接著，心理學家又讓另一名小孩看同樣的一幅畫，並請他把畫裡的意思表達出來。

「小熊看到了他不喜歡吃的東西，所以不願意吃，可是他媽媽卻逼他要把東西吃完才可以下桌，所以小熊就哭了。」這個孩子回答。

實驗結果證實，第一位孩子來自一個貧窮的家庭，家裡有八個兄弟姊妹，三餐無以為繼；而第二位孩子則來自一個富裕的人家，家裡環境優渥，衣食無缺，從來不曉得挨餓是什麼滋味。

心語：

在這則故事當中，兩個孩子的想法反映出了他的家庭背景，可見環境影響之深。什麼樣的環境就培育出什麼樣的人。因此，不要忽略教育的功效，先天的環境也許無法改變，但是後天的努力卻不可忽視，想要擁有什麼樣的明天，請先重視自己的今天，栽培自己，也培育下一代。

愛迪生說：「教育之於靈魂，如同雕刻之於大理石。」為孩子們建築教室，勝於為成人建築監獄。

別讓知識成為你的包袱

有位獵人一直以高超的射箭技術聞名於世，他可以一箭射中在空中飛行的老鷹，而且不偏不倚正中鷹眼；他也曾經出外至深山打獵三十天，帶回來極其珍貴的貂皮和豹皮。由於村子裡的食物來源幾乎都靠他供應，因此，村民們紛紛尊稱他為「獵神」。

獵神有一個兒子，長得高大英俊，頗有乃父之風，因此獵神對兒子的期望很高，希望他可以得到自己的真傳。獵神把所有的知識與經驗全部傾囊相授，他的兒子也十分用心學習，對各種野生動物的習性瞭如指掌，所以獵神很放心地把弓箭交給兒子，讓他一個人獨自上山去打獵。去了快半個月，獵神的兒子滿載而歸，捕獲了許多珍奇的動物，然而一回到家，兒子便倒地不起，連續幾天高燒不退，在床上躺了沒多久，就撒手人寰了。

原來，獵神的兒子不小心被蜜蜂螫到，傷口感染沒有及時處理，才導致一命

嗚呼。獵神痛徹心扉，難過不已，多年來，他一直苦心栽培這個兒子，讓他知道打獵的每個步驟，如何紮營、又如何與各種動物周旋，他連猛虎都不怕，卻死於一隻小蜜蜂的手裡，一隻微不足道的小蜜蜂。

一個老朋友得知了獵神的心情，誠懇地對他說：「你只教給他技術，卻無法傳授他經驗和教訓，人生本來就有太多的意外，你又有什麼好不甘心的呢？」

心語：

縱使擁有許多過人的知識，如果不曉得如何運用，那就和無知的書獃子沒有什麼兩樣了。

紙上談兵永遠不及實戰經驗來得有用。如果不知活用，任何學問都是虛浮的，不一定在現實生活中能派上用場，腦子裡就算裝得再多，也會像將屁股坐在一疊書上。只有經驗是自己的，別人搶也搶不走，經驗累積久了，就成了一種實際的本能。

俗話說得好：「讀萬卷書不如行萬里路」，每一次寶貴的經驗，都是有錢也買不到的無價之寶，前提是，必須靠你自己去創造。

白日夢做太多，小心變成惡夢

亞當斯很喜歡做白日夢，整天夢想著自己能遇上神仙，學會法術，讓自己天天都能美夢成真。於是，他每天到處求神問卜，希望能找到神仙，並且學會仙術。

有一天，他遇到了一位老人，兩個人閒聊之後，老人對亞當斯說：「神仙之術不容易學會啊！學習的過程非常辛苦，不如這樣，我送你一個萬能的僕人吧！」

亞當斯一聽，心想：「這個主意也不錯啊！有一個萬能的僕人，一樣也能美夢成真！」

老人接著又說：「雖然你要什麼，他都會給你，但是他有一個缺點，那就是你必須讓這個萬能的僕人不停地工作，一旦他停頓了下來，就會失去控制，把你掐死！」

亞當斯聽了不以為意，仍開心地說：「謝謝師父！」因為，他打從心裡認為，要讓這個萬能的僕人不停地工作，實在是一件非常簡單的事。

亞當斯告別老人之後，身後立刻有個聲音傳了出來：「主人，請開始命令我工作吧。」

「去替我蓋一棟別墅！」亞當斯頭也不回地說。

沒想到亞當斯的命令才剛說完不久，僕人就回來報告：「主人，我已經蓋好了，請給我下一份工作吧！不然，我會掐死你。」

從那一刻開始，亞當斯便從開心轉變為痛苦，因為他無時無刻都要想出一個點子，讓這個萬能的僕人去做，日以繼夜下來，疲於應付的亞當斯感到非常痛苦。最後，他只好逃回老人那兒，請求老人救救他。

老人微笑地看著亞當斯，一句話也沒說，只從他的頭上拔了根捲曲的頭髮，交給了亞當斯，要他把這根捲曲的頭髮交給僕人。

僕人拿到手後，一拉就直，然而當他交還給主人時，頭髮又捲了起來，於是萬能的僕人從此有了「做不完的事」，亞當斯也終於擺脫了這位萬能的僕人的威脅。

心語：

非常有趣的一則故事！為了找到實現夢想的快捷方式，我們都像故事中的亞當斯一樣，不停地尋找成功的秘訣，希望找到不必累積實力、不用經過磨練，就能一步登天的法術。

不過，就算你找到了先知的錦囊，個中玄機終究要靠自己參透，否則到了最後，有了「萬能僕人」卻不知如何運用，你的美夢仍然只是曇花一現。

每個人都應該要有一些夢想，偶爾做做白日夢雖不為過，但是，若把白日夢視為正途，或期待夢想能一蹴可就，那麼你終究要嘗到苦果，一輩子都只能在不切實際的期望中度過。

認真學習才能激發創意

關於學習，古希臘大哲學家蘇格拉底有他的看法。

開學第一天，蘇格拉底對學生們說：「今天咱們只學一件最簡單也是最容易做的事。每人把胳膊盡量往前甩，然後再盡量往後甩。」

說著，蘇格拉底示範一遍，然後要求大家從今天開始，每天做三百下。他問：「大家能做到嗎？」

學生們都笑了，大家心想，這麼簡單的事，有什麼做不到的？於是大家都和老師做了約定。

過了一個月，蘇格拉底再問學生：「每天甩手三百下，這麼簡單容易的事，哪些同學堅持了？」

每一個同學都驕傲地舉起了手。

又過了一個月，蘇格拉底又問有哪些同學堅持了，但這回，堅持下來的學生只剩下八成。

一年過後，蘇格拉底再一次問大家：「請告訴我，最簡單的甩手運動，還有哪幾位同學堅持了？」

這時，整個教室裡，只有一人舉起了手。這個學生就是後來成為古希臘另一位大哲學家的柏拉圖。

心語：

的確，乍看之下沒有意義與遠景的事物，往往很難讓人堅持不懈，但是我們永遠不會知道哪些知識是我們需要的，哪些又是我們不需要的。就如齊克果所說，「必須回首才會瞭解」，我們總是事到臨頭了才懊悔，「書到用時方恨少」，但是為時已晚了。

在學校裡，所謂的通識課程，往往會被學生視為營養學分，既不須要花腦力學習，老師也不會過多要求，彷彿大家只要把自己所打算鑽研的科目學好就成了。這些通識課程或許與我們未來的專業沒有直接關係，但是卻會影響到我們如何成為社會人。

例如，一個學數理的學生，如果對於史地文學完全沒概念，那麼終究是會成為一個無趣的人。

同樣的，一個熱愛藝術的學生，只有滿腦子虛幻夢想，卻完全不肯瞭解生活現實，最後也會很難在社會中生存。

換個角度來想，不同的科目領域也代表著不同的思維方式，多方涉獵，將有助於我們不至於走入某一個想法的死胡同中，同時還可以激發出無窮的創意。

激將法也是致勝的籌碼

意大利著名音樂家朱塞佩．威爾第以《阿依達》等歌劇風靡世界。一天，他乘坐的那列火車停靠在一個小城市的車站，這個車站的站長就是一個極崇拜威爾第的人。因此，當站長發現偶像威爾第近在眼前，便想趁此機會與這位難以接近的音樂大師說說話，並想如果能得到他的親筆題名就再好不過了。於是，站長想出了一個「歪點子」。

突然，威爾第乘坐的火車車門大開，站長走了進來，表示要查票。威爾第把票遞給了他，他查完票後，故作負責的樣子開始發問：「這個車廂比較髒，您不覺得討厭嗎？」

「我並不覺得髒啊。」威爾第不置可否地說。

「就算這樣，您也不該把腳踩在對面的座位上呀！一個有教養的人絕不應該這麼做。」站長擺明了找麻煩。

了。

「你把我視為沒有教養的人了？」威爾第聲音高了起來。

「對，正是這樣。」

「哼！這簡直太過分了！請把您的意見本拿來！」威爾第這下子真的被惹火了。

站長馬上跑出去把預先準備好的簽名簿拿了回來。威爾第拿到本子就立刻奮筆疾書，在上頭寫滿了自己的意見。

這時站長覺得「陰謀」得逞，馬上講明了自己的「騙局」，並請求這位音樂大師寬宏原諒，威爾第聽了後還是樂呵呵地簽上了自己的名字。

心語：

這個站長運用了激將法達成自己的目的。當然，站長也可以一開始就表明自己的想法，請求威爾第幫他簽名，但威爾第很可能為了不引起眾人的注意或嫌麻煩，不肯簽或是乾脆不承認自己是威爾第，那麼站長也拿他沒辦法。

沉不住氣的人，特別容易受激，有些事一怒而成，但是很多時候，受激者往往不能冷靜地判斷是非，造成憾事。歷史上，很多戰爭原本有利的一方，就是因為中了對方的激將法，貿然出兵，使得局勢整個逆轉。只不過，激將法的使用也要因人而異，有些人就是沉穩有修養到讓你激不了，也是沒轍。像東晉時，淝水之戰攸關政權存亡，宰相謝安卻若無其事地與朋友下棋，後來得知侄兒謝玄力克敵人，獲得勝利，依然喜不形於色，冷靜下棋。

而三國時代，諸葛亮能冷靜地以空城計騙過司馬懿的十萬大軍不戰而退，又能一言激得孫權同意出兵對抗曹操，稱得上是一名深諳情緒智慧的人，能將這招激將法使得游刃有餘，進退從容，就是他的智謀，充分地掌握了人性種種弱點。

冷靜自若，成為一個懂得激將卻不易受激的人，在短兵相接的時刻，無疑多了幾分致勝籌碼。

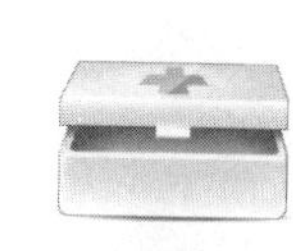

就算不在意，也不能不注意

明朝時，某個縣城的街市上有一家金飾店。有一天，來了一個跛腳的人。儘管他走路不方便，卻穿著得十分體面，當他一走進店內，也不管與人熟不熟悉，一開口就向店主人大發牢騷，說起縣令非常殘暴，竟然為了一點小事，就把他毒打成傷，還一副氣呼呼的模樣說，他一定要報復……等等。

這時，店主人忙著做事，聽歸聽，做事歸做事，並不十分在意。只見這人說著說著，就從衣袖裡抽出一片很大的狗皮膏藥，也沒打聲招呼，就在打造金飾的爐邊烤起膏藥來，似乎準備等膏藥軟化後，用來貼敷身上的傷口。

這種借用店內爐火的事，在金飾店是常有的事，算是一種服務吧。儘管不認識這個人，但來者是客，店主基於給人方便的心理，根本不理他，誰知道等到膏藥熔化後，跛腳漢竟然出其不意地，將膏藥往店主的臉上糊去。

剎那間，店主陷入一片慌亂，本能地忙著處理被偷襲的頭臉，那人卻趁這個機會，將鋪中所有金飾席捲而逃！等店主呼救後，跛腳漢已經逃得不見蹤影了。

另外一個縣城也發生過類似的事情。一戶賣米人家，在大門口放置了幾個米袋，有一天，忽然來了一名跛腳大漢，挺著個碩大的肚子，一瘸一瘸地走了過來，然後，氣喘吁吁地就坐在米袋上面休息。附近有不少人都看到了，但工作的工作，閒聊的閒聊，沒有人會去在意這種事情，畢竟方便過路人嘛，沒什麼大不了。

過了一些時間，在大家不經意時，似乎感覺那人站了起來，而且一瘸一瘸地又走了。

沒多久之後，這戶人家就發現少了一袋米。經過追查，才發現那人跛腳是假的，大肚子也是假的，不過是為了掩人耳目，方便夾帶米袋走人罷了！消息傳開後，在平靜的鄉里間，引起了極大的轟動，成了大家茶餘飯後不可或缺的趣談。

心語：

「善心」或者是「平常心」，都是很好的修為，但也要看用在什麼地方，否則就很容易讓人掉進騙局。

善心，讓人心軟；平常心，讓人解除心防。騙子高明的地方，就是看準了這一點。因此，他們會費盡心機，做各種騙人耳目的設計，盡可能的裝可憐，做解除獵物戒心的表演，等到獵物「見怪不怪」的時候，便是他們下手的最好機會。

所以，人不能隨意釋出「廉價的善心」，只重視事情的表面，而讓有心人有機可乘。即使是抱著「防不勝防」，或者是沒什麼大不了的心理，凡事都不在意，卻也不能不注意。因為你不在意，有心人才最沒顧忌，等吃了大虧，一切都將來不及，不是嗎？

從抄襲中尋找成功的機會

三個經濟學家和三個數學家一起坐火車旅行，數學家乖乖地買了三張票，但三位經濟學家卻只買了一張票。

數學家不禁納悶地問經濟學家說：「三個人怎麼可以只買一張車票?這樣會被罰款的！」

這三位經濟學家只是笑笑，並沒有回答。

等到查票員準備進車廂查票時，三個經濟學家便一起躲進洗手間，當查票員敲門時，經濟學家沒有開門，只是從門縫裡將車票遞出來。而查票員看了看車票之後，就繼續到別的車廂查票去了。

數學家們一看，覺得這真是個好辦法，所以在回程時，他們也如法炮製，只買了一張票。但是這一次，三個經濟學家卻連一張票也沒有買。

「你們這次怎麼一張票都不買?」數學家們百思不解的問，經濟學家們仍然只是笑而不答。

當查票員準備查票時，三位數學家依樣畫葫蘆地馬上躲進洗手間。經濟學家們看到數學家都躲進洗手間後，隨即敲了敲門，然後將數學家們遞出來的車票拿走了。

心語：

一個好的方法，第一次使用時是創意，接下來使用的人就是抄襲了。雖然社會上的抄襲遠多於創意，不過抄襲也是需要用心的，必須靈活變通，如果只是一成不變地模仿別人的創意，那麼便很容易產生跟故事裡的數學家一樣的情形。只有從抄襲之中找出新的方向和點子，成功的機會才會源源不斷地出現在你身邊。

把學歷轉化成能力

肯尼高中畢業後就開始找工作，他在偶然間發現了一則徵人廣告：某家知名出版公司要招聘一位負責五個州內各書店、百貨公司和零售商的業務代表，薪水是一個月一千六百美元到兩千美元，另外還有獎金、出差費和公司配車。

這是肯尼夢寐以求的工作，可惜他在面試的時候就被拒絕了。主管很客氣地對肯尼解釋拒絕他的理由：第一，他的年紀太輕；第二，他沒有相關的工作經驗；第三，他只有高中畢業而已。

肯尼竭盡所能地毛遂自薦，但是主管的態度仍然十分堅決。這時，肯尼靈機一動，對主管說：「反正你們這個空缺已經缺了六個月了，再缺三個月應該也不會有太大的差別。既然如此，能不能讓我先做三個月？我不要薪水和交通工具，公司只要負擔我的出差費就行了。等三個月之後，你再決定要不要錄用我，如何？」

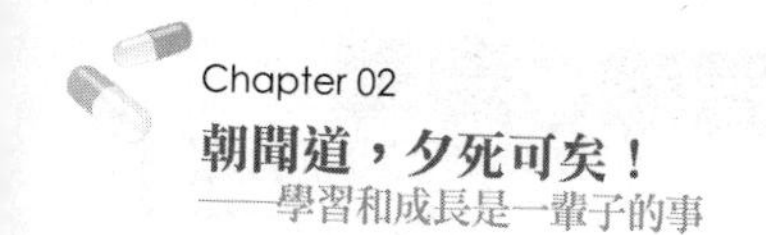

主管覺得肯尼的辦法很有趣，便答應了他的條件。

在這短短的三個月裡，肯尼達成許多耀眼的成績，其中包括了重組銷售流程，創下公司有史以來的銷售紀錄；他也爭取到更多新客戶，包括一些以往一直爭取不到的客戶。

於是，不到三個月，肯尼就被錄取了。

心語：

學歷固然很重要，但是把學歷轉換成能力則更重要。如果做不到這一點，那麼擁有再顯赫的文憑，也不過代表比一般人會讀書而已。

文憑就跟外表一樣，雖然一開始容易吸引眾人的目光，但是沒有缺乏真材實料的內在，那麼再好看的外表，也只是無用的裝飾品而已。

鳥的三條忠告

一次，獵人捕捉到一隻能說七十種語言的鳥。

鳥說：「放了我，我將告訴你三條忠告。」

獵人同意了。

鳥告訴他：「第一條，做過的事，不要懊悔。第二條，如果有人告訴你一件事，你自己認為不可能，就別去相信。第三，當你爬不上去時，就別費力去爬。」獵人認為鳥很有智慧便把牠放了。

鳥飛到一棵高高的樹上，向獵人大聲喊道：「你真愚蠢，你放了我，卻不知道我嘴裡還銜著一顆價值連城、碩大無比的珍珠呢。正是它讓我聰明絕頂。」

獵人想重新捕獲這隻鳥。他奮力地向樹上爬去，但爬到一半的時候，已經體力不支，仍費力去爬，結果摔下來折斷了腿。

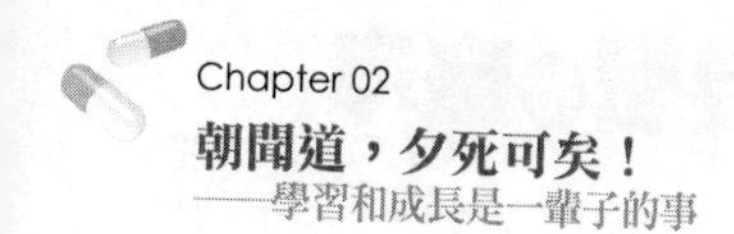

心語：

忠告，是任何金錢買不到的人生財富與智慧，它一代一代地傳下來，滋潤我們的心田，哺育我們成長。聰明的人之所以聰明，是因為他們聽信忠告；糊塗的人之所以糊塗，原因之一是他們常將忠告當成耳邊風。

學會接受、適應和忘記

一位很有名氣的老教授，一天在替學生上課時拿出一隻十分精美的茶杯。當學生們讚美著這只杯子的獨特造型時，教授故意裝出失手的樣子，杯子掉在地上成了碎片，這時學生不斷發出了惋惜之聲。

教授指著杯子的碎片說：「你們一定對這只杯子感到惋惜，可是惋惜也無法使杯子再恢復原型，今後在你們生活中如果發生了無可挽回的事情，請記住這只破碎的杯子。」

心語：

這是一堂很成功的人生教育課，學生們通過破碎的杯子，懂得了：人在無法改變失敗和不幸的厄運時，要學會接受它，適應它，忘記它。

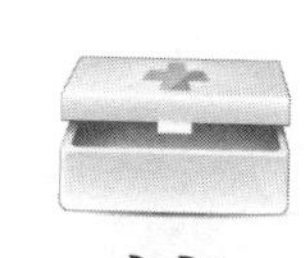

讓自己少走彎路

公元一五〇〇年，意大利佛羅倫斯挖掘出一塊質地精美的大型大理石，它的自然外觀很適於雕刻一個人像。寶石在那裡放了很久，沒有人敢動手。後來一位雕刻家來了，但他只在後面打了一鑿，就感到自己無力駕馭這塊寶貴的材料而住手。

後來大雕刻家米開朗基羅用這塊大理石雕出了曠古無雙的傑作大衛像。沒想到先前那位雕刻家的一鑿果然打重了，傷及了人像肌體，竟在大衛的背上留下了一點傷痕。

有人問米開朗基羅：「那位雕刻家是否太冒失？」

「不，」米開朗基羅說：「那位先生相當慎重，如果他冒失輕率的話，這塊材料早已不存在了，我的大衛像也就無從產生。這點傷痕對我未嘗沒有好處，因為它無時無刻不在提醒我，每下一刀一鑿都不能有絲毫的疏忽，在我雕刻大衛的過程中，那位老師自始至終都在我的身邊幫我提高警惕。」

心語：

我們總是對別人的失敗嗤之以鼻，卻不知從中吸取教訓。許多人的成功都是建立在別人的失敗上，借鑒別人失敗的經驗，才能使自己少走彎路，順利地達到成功的目標。

活到老學到老

晉平公是春秋末期晉國的君主。他晚年的時候想學一些知識，可是總覺得自己已經老了。

有一天，他向樂師師曠求教：「我現在已經七十多歲了，很想學些知識，恐怕太晚了吧？」

師曠回答：「晚了，為什麼不點蠟燭呢？」

晉平公沒有聽懂他的話，生氣地說：「哪有為臣的這樣戲弄君王！」

師曠說：「我怎麼敢跟您開玩笑！我記得古人說過，少年時愛好學習，就像日出的光芒；壯年時愛好學習，就像太陽升到天空時那樣明亮；到老年還能愛好學習，就像點燃蠟燭發出的亮點。蠟燭的亮光雖然微弱，但與沒有燭光在昏暗中愚昧地行動相比較，哪一個更好一些呢？」

晉平公點了點頭說：「你說得真好！我已經明白了。」

心語：

如果你真的喜歡一件事情，那就憑借自身力量，跟隨你的願望去實現理想。你應該有不可阻擋的熱情。記住什麼也不能阻止你的前進步伐，記住只要想做，什麼時間也算不得晚。

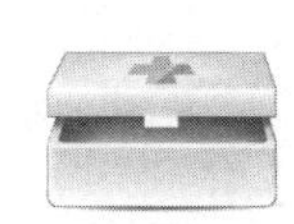

陳平過河

漢朝有個謀士叫陳平，有一天，他穿了一套新衣服，腰上佩著一把寶劍，來到渡口，找到一個船夫替他撐船過河。船夫看他穿著新衣，以為他腰包裡裝了不少金銀財寶，便想等船到河中央時，將他謀財害命。陳平坐在船尾，看船夫不住飄過來不懷好意的眼光，知道他心中有邪念，便故意叫著說：「哎呀！好熱喲！要不要我來幫你撐一會兒船？」說著，一面當船夫的面，把身上的衣服一件件脫下來放在船板上。船夫看他放下衣服時，並沒掉錢幣的聲音，知道他身上沒有財寶，便打消搶劫的壞主意了。

心語：

假如在事前能有周密的顧慮，想出辦法來加以防範，就可以化解很多麻煩。

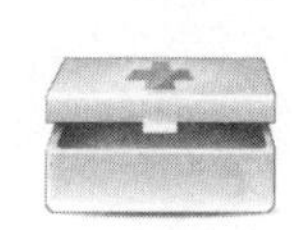

王冕畫荷

明朝時候有個大畫家，名叫王冕，最擅長畫荷花，許多人為了要獲得他的荷花畫，都不辭辛苦，從老遠的地方趕來。王冕雖然很有名，但是小時候卻很貧困，白天只好替人放牛，晚上自己自修。

有一天，王冕在湖邊放牛時，忽然下起一陣雨，一會兒雨停了，但是湖裡的荷花和荷葉卻被雨水沖洗得非常乾淨。王冕看了非常喜愛，便想把它畫下來，於是趕緊用身上的一點零用錢買了紙和筆來開始作畫。起初當然畫得不怎麼好，可是王冕並不氣餒，仍然不停地畫，最後終於越畫越像，就跟真的一樣。王冕便把荷花畫拿去市集，賣得錢拿回家孝敬母親。

王冕因為荷花畫得很好，許多人爭著要買，他的境況便因此漸漸好轉，不再替人放牛了。同時他的名聲也漸漸遠播，終於成為一個有名的大畫家。

心語：

任何一個專家都是由不會變成會的，而專家之所以能成為專家，就在於他比常人花下更多的時間去學習，學習的時間愈長，下的工夫愈深，所學來的也就愈精。王冕並不是天生就會畫荷花，而是長時期不停地畫，畫得不好再畫，一直畫到像了為止。因此，我們不論學習什麼，都應該具備這個堅持不懈的精神。

為何而學

有個人從年輕熬到斑斑白髮，卻還只是個小公務員。每次想起來就掉淚，有一天竟然號啕大哭了。辦公室有個新來的年輕同事，覺得很奇怪，便問他到底為了什麼原因難過。他說：「年輕的時候，我的上司愛好文學，我便學寫詩、學文章，想不到剛覺得有點小成績，卻又換了一位愛好科學的上司。我趕緊又改學數學、研究物理，不料上司嫌我學歷太淺，不夠老成。後來換了現在這位上司，我自認文武兼備，人也老成了，誰知上司喜歡青年才俊……我怎麼不難過？」

心語：

研究學問、學習技能，應該是為充實自己，千萬不能為了迎合別人，或隨時代潮流而盲目的進行，否則目的不能達成事小，浪費一生寶貴的光陰才最可惜。

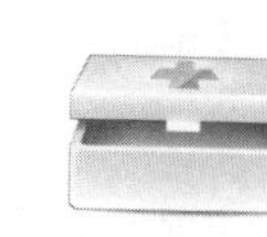

用什麼來填滿心靈

一位深具智慧的父親，為了要考驗三個兒子的聰明才智，苦心設計想出了一道考題。

父親交給三個兒子每人一百塊錢，要他們用這一百塊錢，去買他們所能想到的任何東西，再將買回來的東西，設法裝滿一個佔地超過一百坪的巨大倉庫。

大兒子想了很久，決定將那一百塊錢全部去買最便宜的稻草。結果，稻草運回來之後，連倉庫的一半都裝不滿。二兒子稍微聰明一些，他將那一百塊錢買了衛生紙，再把衛生紙的包裝拆開來，將一張張的衛生紙揉得鬆鬆散散的，希望能裝滿倉庫。但即使他再怎麼努力揉散那些衛生紙，仍裝不滿整座巨大倉庫的三分之二。

小兒子看著兩個哥哥的舉動，等他們試過失敗之後，小兒子輕鬆地走進倉庫，將所有的窗戶牢牢關上，請父親也走進倉庫中。小兒子把倉庫的大門關好，整個倉庫霎時變得伸手不見五指，黑暗無比。這時，小兒子從口袋中拿出他花了一塊錢買來的火柴，點燃也是用一塊錢買的小蠟燭。

頓時，漆黑的倉庫中充滿了蠟燭所發出的光芒，雖然微弱，卻是溫暖無比。

心語：

緊閉的心靈，即使用盡心機、竭力奔波，找來再多的東西，也無法將它裝滿。能填滿自己寂寞心靈的，其實只有自己。

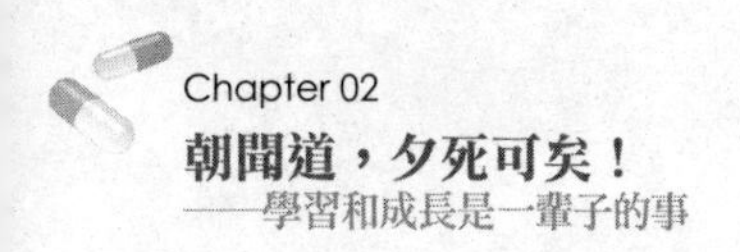

釣竿

有個老人在河邊釣魚，一個小孩走過去看他釣魚，老人見小孩很可愛，要把整簍的魚送給他，小孩搖搖頭，老人驚異的問道你為何不要?小孩回答:我想要你手中的釣竿。老人問:「你要釣竿做什麼?」小孩說:「要是我有釣竿，我就可以自己釣，一輩子也吃不完。」我想你一定會說他是個好聰明的小孩。錯了，他如果只要釣竿，那他一條魚也吃不到。因為他不懂釣魚技巧，光有魚竿是沒用的。試想，有太多人認為自己擁有了人生的釣竿，再也無懼於路上的風雨。就如小孩看老人，以為只要有釣竿就有吃不完的魚。

心語：

成功的關鍵在於擁有技能，而不是擁有工具。

Chapter 03

應未雨而綢繆，毋臨渴而掘井——

提前計劃 勝過隨機應變

The key to a happy life

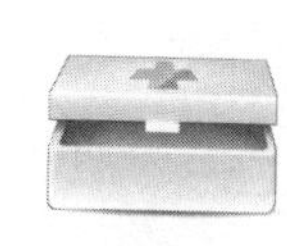

黃帝問路

上古時代，黃帝帶領了六位隨從到貝茨山見大傀，在半途上迷路了。他們巧遇一位放牛的牧童。

黃帝上前問道：「小童，貝茨山要往哪個方向去，你知道嗎？」

牧童說：「知道呀！」於是便指點他們路向。

黃帝又問：「你知道大傀往哪裡嗎？」

他說：「知道啊！」

黃帝吃了一驚，便隨口問道：「看你年紀小小，好像知道不少啊！」接著又問道，「你知道如何治國平天下嗎？」

那牧童說：「知道，就像我放牧的方法一樣，只要把牛的劣性去除了，那一切就平定了呀！治天下不也是一樣嗎？」

黃帝聽後，非常佩服，真是後生可畏，原以為他什麼都不懂，卻沒想到這小孩從日常生活中得來的道理，就能理解治國平天下的方法。

心語：

有些人在自己的領域是多年的「老前輩」，總喜歡倚老賣老，開口閉口：「以我十幾年的經驗……」，來否定新人的創見，認為後輩太嫩，社會閱歷不多，絕對要服從前人。其實，「老前輩」的經驗值得後輩學習，但年輕一代的新見解、新創見，不也是值得「老前輩」研究及重視的嗎？正所謂：活到老，學到老。兩代人的思想交流，一定可以惠及大家。

快樂來自你的心

一對新婚夫婦生活貧困。丈夫為了讓妻子過體面的日子，去了很遠地方打工，妻子答應在家忠貞地等他回來。

年輕人跟著老闆工作二十年後，臨行前老闆沒有給他工錢，只給了他三條忠告和三塊麵包。

第一，永遠不要走捷徑，便捷而陌生的道路可能要了你的命；第二，永遠不要對可能是壞事的事情好奇，否則也可能要了你的命；第三，永遠不要在仇恨和痛苦的時候做決定，否則你以後一定會後悔。老闆給他的三個麵包，兩個讓他路上吃，另一個等他回家後和妻子一起吃。

在遠離深愛的妻子和家鄉二十年之後，男人踏上了回家的路。

一天後，他遇到了一個人，那人說：「你要走二十多天的路，這條路太遠了，我知道一條捷徑，幾天就能到。」他高興極了，正準備走捷徑的時候，想起了老闆的第一條忠告，於是他回到了原來的路上。後來，他得知那人叫他走的所謂捷徑完全是一個圈套。

幾天之後，他走累了，發現路邊有家旅館，他打算住一夜，付過房錢之後，他躺下睡了。睡夢中，他被一聲慘叫驚醒。他跳了起來，走到門口，想看看發生了什麼事，剛剛打開門，他想起了第二條忠告，於是回到床上繼續睡覺。

第二天，店主對他說：「您是第一個活著從這裡出去的客人。我的獨子有瘋病，他昨晚大叫著引客人出來，然後將他們殺死埋了。」

男人接著趕路，終於在一天的黃昏時分，他遠遠望見了自己的小屋，還依稀可見妻子的身影。雖然天色昏暗，但他仍然看清了妻子不是一個人，還有一個男子伏在她的膝頭，她撫摸著他的頭髮。看到這一幕，他真想跑過去殺了他們，這時他想起了第三條忠告，於是停了下來，想了想，決定在原地露宿一晚，第二天再做決定。

天亮後，已恢復平靜的他對自己說：「我不能殺死我的妻子，我要回到老闆那裡，求他收留我，離開之前，我想告訴我的妻子我始終忠於她。」

他走到家門口敲了敲門，妻子打開門，認出了他，撲到他懷裡，緊緊地抱住了他。妻子眼含熱淚，並讓兒子見過父親。原來，年輕人走的時候妻子剛剛懷孕，現在兒子已經二十歲了。

丈夫走進家門，擁抱了自己的兒子。在妻子忙著做晚飯的時候，他講述了自己的經歷給兒子聽。

接著，一家人坐下來一起吃麵包，他把老闆送的麵包撕開，發現裡面有一筆錢——那是他二十年辛苦工作賺來的工錢。

心語：

這位老闆的忠告太睿智了。有時，我們的快樂真的不是來自於錢，是來自我們的心。只有心靈富有了，我們才快樂得起來呀！

坦然面對你的不足

著名的音樂家托馬斯·傑斐遜其貌不揚，他在向妻子瑪莎求婚時，還有兩位情敵也在追求瑪莎。

一個星期天，傑斐遜去拜訪瑪莎，兩個情敵正好也來到瑪莎的家門口。他們得知傑斐遜也來此作客，便準備聯合起來羞辱傑斐遜。可是，這時門裡傳來優美的小提琴聲，還有一個甜美的嗓音在伴唱。如水的樂曲在房屋週遭流淌著，兩個情敵此時竟然沒有勇氣去推開瑪莎家的門，他們心照不宣地走了，再也沒有回來過。傑斐遜並不完美，也不出眾，但是他有了小提琴和音樂才華，他就不戰而勝了。

面對自己的缺陷和弱點，不同的人會採取不同的辦法，傑斐遜的辦法是小提琴，我們呢？其實我們都有連自己都沒發現的優點。

心語：

對於每個人來講，不完美是客觀存在的，但無需怨天尤人，在羨慕別人的同時，不妨想想，怎樣才能走出盲點。或用善良美化，或用知識充實，或用自己的一技之長發展自己。生命的可貴之處，在於看到自己的不足之處後，能夠坦然面對。

只有一次的知己

兩個單身旅人在長途列車上相遇。一開始，那兩人只是淡然地坐著，各自想心事。中午過後，開始相互遞煙，到黃昏時分，互通了姓名、職業，談到足球、股票、公司效益、社會風氣時，很是投機。第二天早起兩人已儼然成為老友，酒杯一舉更是如逢知己，相見恨晚，開始抖落出平時從不與人談及的隱秘話題，直到深夜。分手時互遞了名片，都說：「要常聯繫，一定。」

而事實上他們各奔東西後從未聯繫過一次，誰也覺得沒有這個必要。

心語：

這就是人際關係中的過客型知己。人在十分寂寞的情況下所締結的親密關係，只是一道即食的快餐而已，不要拿它太當真。

患難的朋友才是真正的朋友

有兩個夥伴一起翻山越嶺，到處遊玩。他們相互間一天比一天更瞭解，越來越要好，兩人就約定：同生死，共患難，絕不互相遺棄。

事隔不久，他們在一條偏僻的小道上遇到一隻大熊。在這危急關頭，一個夥伴飛快地跑向路旁的一棵小樹，爬了上去。樹很小，另一個夥伴不敢再冒險爬上去了。他一看，再無其他出路，只好馬上躺倒在地，屏住氣，一動也不動，裝著好像死人一般。這隻餓慌了的大熊朝他俯下身子，用爪子把他翻過來轉過去，舔舔他的臉，看看他到底還有沒有氣。由於恐懼，這個夥伴早就嚇得麻木了，全身的血液似乎都已凝結，以至真的變得冰冷、僵硬，如同死人。最後，熊只好從他身邊走開了，因為熊是不吃死人的。

直到這頭熊走遠後，樹上的夥伴才爬下來。他問這位裝死的朋友：「請告訴我，你躺在地上時，熊伏在你耳朵邊講了些什麼？」

「牠給了我一些有益的忠告。」這個夥伴回答說，「牠說，我應時時提防那些不忠實的朋友，哪怕只發現他有一點不可靠的地方，也應該盡快地離開他。」說完，他毅然離開了夥伴，自顧自地走了。

心語：

患難的朋友才是真正的朋友。平時的相互吹捧只是朋友交往中的表面現象，到了關鍵時候能夠給予你幫助，坦誠地指出你錯誤的朋友，才最值得深交。

此路不通

有一個喝醉酒的人，走出酒店時，天色已經很晚了。他踉踉蹌蹌地尋找著回家的路。看見一條彎彎曲曲的路，就醉醺醺地朝前走，忽然「咚」地一聲，他的頭撞到了一個硬梆梆的東西，撞得他兩眼直冒金星。他退了兩步，抬頭一看，原來是一塊路標，上面寫著「此路不通」。

醉漢眨了眨眼，定了定神，又糊里糊塗走了一會兒，他又來到了這塊路標前，不小心「咚」地又把頭撞得很疼。他朝後退了兩步，抬頭一看，原來又是一塊路標，上面寫著「此路不通」。

醉漢定了定神又糊里糊塗地走了起來，走著走著，頭又被「咚」地一聲撞痛了。

原來，他又來到了同一塊標牌前。

然而醉漢並不知道。他摸摸頭上撞出的疙瘩，穩了穩神，又繼續走路。走著走著，頭又被「咚」地一聲碰痛了。他朝後退了幾步，抬頭一看，是一塊路標，上面還是寫著「此路不通」。

「天哪，我被圍住啦！」醉漢絕望地喊道。

心語：

世上之人，如醉漢者實在太多。他們只知道自己多次碰壁，以為無路可走了，卻不知道自己只是在同一條路上來回繞彎。

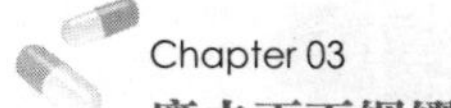

驢子過河

可憐的驢子背著幾袋沉甸甸的鹽，累得呼呼直喘氣，可還是不得不邁著艱難的腳步向前走。

突然眼前出現了一條小河。驢子走到河邊沖了沖臉，喝了兩口水，這才覺得有了力氣，他準備過河了，河水清澈見底，河床上形狀各異的鵝卵石閃著圓潤的光芒，看得清清楚楚，驢子只顧欣賞美景，一不留神「撲通」一聲，摔倒在小河裡。好在河水不深，驢子趕緊站了起來，奇怪！他覺得背上的份量輕了不少，走起來再也不感到吃力了。驢子很高興：「看來，這河水是魔水，我得記住，在河裡摔一跤，背上的東西便會輕了許多！」

不久，又要運東西了，這次驢子馱的是棉花。裝棉花的口袋看起來很大很大，可份量並不重，驢子馱著幾大袋棉花，走起來顯得很輕鬆。啊！前邊又是那條小河了，驢子想起了上次那件開心的事，心裡真是高興：「背上的幾袋雖說不重，可若是再輕一些不是更好嗎？」於是，他喝了幾口水，向河裡走去。到了河心，他故意一滑，「撲通」一聲，又摔倒在小河裡。這次驢子可不著急，他故意慢騰騰地站了起來。哎呀，太可怕了，背上的棉花變得好沉呀！比那可怕的鹽袋還重幾倍。

驢子好不容易走上岸，卻怎麼也不明白為什麼河水能讓重物變輕，也能讓輕物變重。

心語：

沒有一成不變的事物，也沒有放諸四海而皆準的真理。看待事物必須充滿彈性，抱著舊觀念、舊框框去看待新情況，必然是行不通的。

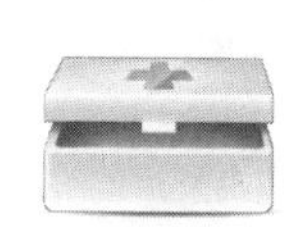

繼續尋找下去

有一個人經常出差，火車票總是買不到座位，後來他發現了能在火車上找到座位的方法。其實這絕招說來也簡單，就是從車頭到車尾，耐心地一節節找下去。火車上常常是一些車廂人群擁擠，而一些車廂又稀稀疏疏的只有幾個人，大多數人上車後見連續幾節車廂的人都那麼多，便主觀地認為後面的車廂也如此，既不願費力氣，又怕前進之後連自己現在站的地方也會失去，於是都滯步不前，寧願站著擠在原本那個車廂裡。

心語：

人生的道理就是如此。那些擠在同節車廂中的人安於現狀，沒有繼續尋找下去的耐心和毅力，所以只能從上車到下車一直站著。

不要讓專業人士左右你

青蛙在池塘邊開了個診所。

一天，診所裡來了一隻大兔子和一隻小兔子。小兔子捂著嘴巴喊痛。青蛙問小兔子是不是牙痛，小兔子說是。

青蛙又追問小兔子為什麼牙痛。小兔子想了想回答說可能是啃了木頭的緣故。

青蛙醫生馬上就給小兔子開了些鎮痛的藥。又囑咐小兔子，以後不要再啃堅硬的東西了。

旁邊的大兔子是陪伴小兔子一起來看醫生的，牠聽到後哈哈大笑。

大兔子說：「我們兔子的門牙會不停地長長，如果不磨牙，我們就無法閉嘴。小兔子牙痛，是因為牠還不適應磨牙，你只要給牠點止痛藥就可以了，若要牠不要磨牙，那不是害了牠嗎？聽說你醫術不高，果然是這樣呀！要不然你怎麼連自己的腿都治不好呢？」

心語：

不要讓專家的話左右了你，不要拿專家的話太當真——不要完全相信那些所謂的專家的話，有時候那些話可能會害了你。

沒有對的只有不同的

五台山上住著一個老和尚和一個小和尚，老和尚是小和尚的師傅，二人在寺廟中相依為伴。有一天，老和尚出了道題給小和尚：「一個愛清潔人和一個不愛清潔的人一同外出，是愛清潔的人先去洗澡，還是不愛清潔的人先去洗澡？」

小和尚搔了搔頭皮，迅速地答道：「當然是不愛清潔的人先去洗澡，因為他身上髒得很。」

老和尚看了看小和尚，不滿意地捶了小和尚一下：「呆子，好好想想吧！」這次，小和尚想到正確答案了，毫不猶豫地回答：「一定是那個愛清潔的人先去洗澡。」

老和尚問：「為什麼？」

小和尚胸有成竹地說：「那還不簡單，愛清潔的人有洗澡的習慣，不愛清潔的人有懶惰的習慣，只有愛清潔的人才有可能去洗澡。」說完，小和尚等待師傅的誇獎。出乎意料的是，老和尚不但沒有誇獎小和尚，還說小和尚沒有悟性，除了罰站，還要繼續想出正確答案。

想了大半天，小和尚迫不及待地回答：「兩個都得去洗澡，愛清潔的有洗澡的習慣，不愛清潔的需要洗澡。」

師父的臉色告訴他，又錯了。

小和尚只好怯生生地說出最後一個答案：「兩個都不去洗澡，原因是愛清潔的人很乾淨，不需要洗澡；不愛清潔的人沒有洗澡的習慣。」

話畢，老和尚和顏悅色地對小和尚說：「其實，你已經把四個答案都說出來了，但你每次都認定只有一個是正確的，你的思慮不夠周全，答案不夠完整。單單拿出任何一個，都不能算是正確答案。」

心語：

生活中這樣的例子並不少見，尤其是在與人交往中，有時並非因為做得不對，而是沒有全方位地考慮問題。世界是豐富多彩的，根本就沒有標準答案。為什麼偏要認定只有自己才是對的呢？

你無法改變對方

一隻盲龜住在井中，而另一隻龜本來生長在大海裡，因到陸地旅行，偶然失足跌落到同一個井中。盲龜問他的新朋友從哪裡來。

海龜說：「從大海裡來。」

盲龜一聽見新朋友說起海，因他一生住於井中，根本不知道什麼是海，便在井中走了一小圈問道：「海有這樣大嗎？」

海龜答道：「還要大。」

於是盲龜環遊了全井的三分之二問道：「海是否有這麼大？」

海龜答道：「還要大得多呢！」

盲龜於是問道：「那麼，海有整個井大嗎？」

海龜答道：「更要大。」

於是盲龜說道：「如果這話是真的，那麼，海究竟有多大呢？」

海龜答道：「你一生除了這座井之外，沒有看見過別的水，你的所知範圍很小。至於海呢，即使耗費了許多年的光陰，你還不能游完它的一半，更不用說達到它的邊界了，所以它是絕對不能與這個井相提並論的。」

盲龜佛然說道：「絕不可能有比這個井更大的水，你不過是用誇大的話來讚飾你自己的本鄉而已！」

心語：

你無法改變對方，只有去影響對方。因為，每個人心中都固守著一扇別人無法開啟的門，不論別人怎樣動之以情曉之以理，他們都不會輕易打開。

是什麼東西限制了小虎鯊

小虎鯊長在大海裡，當然很習慣大海中的生存之道。肚子餓了，小虎鯊就努力找大海中的其他魚類吃。雖然有時候要費些力氣，卻也不覺得困難。有時候，小虎鯊必須追逐很久，才能獵到食物。這種困難度，隨著小虎鯊的經驗長進，越來越不是問題，獵食的挫折並不會替小虎鯊帶來困惑。

很不幸，在一次追逐獵物時，小虎鯊被人類捕捉到。離開大海的小虎鯊還算幸運，被一個研究機構買了去。放養在人工魚池中的小虎鯊，雖然不自由，卻也不愁吃。研究人員會定時把食物送到池中，都是些大大小小的魚食。

有一天，研究人員將一片又大又厚的玻璃放入池中，把水池分隔成兩半，小虎鯊卻看不出來。研究人員又把活魚放到玻璃的另一邊，小虎鯊等研究人員放下魚之後，就衝了過去，結果撞到玻璃，疼得眼冒金星，什麼也沒吃到。

小虎鯊並不氣餒，過了一會兒，看準了一條魚，又衝過去，這一次撞得更痛，差點沒昏倒，當然也沒吃到。休息十分鐘之後，小虎鯊餓壞了，這次看得更準，盯住一條更大的魚，又衝過去。這次情況仍未改變，小虎鯊撞得嘴角流血，牠想不通這到底是怎麼回事？小虎鯊攤在池底思索著。

最後，小虎鯊拼著最後一口氣，再次衝了過去！但仍然被玻璃擋住，這回撞了個全身翻轉，還是吃不到魚。

小虎鯊終於放棄了。

研究人員又來了，把玻璃拿走。然後，又放進小魚，讓他們在池子裡游來游去。小虎鯊看著到口的魚食，卻再也不敢去吃了。

心語：

是什麼東西限制了小虎鯊，讓牠不敢去吃那些到口的魚食呢？是限制性信念、限制性指令、生活中的常規、過去負面經驗總結、習慣的思維定式等限制了他們。一個人在成長過程中很容易被過去的經驗所制約，有時候我們的孩子會不會也像小虎鯊呢？

健康是最大的資本

馬克思在讀大學的時候曾接到父親的一封信：

「……祝你健康，在用豐富而有益的食物來滋養你的智慧時，別忘記，在這個世界上，身體是智慧的永恆伴侶，整個機器的狀況好壞都取決於它。一個體弱多病的學者是世界上最不幸的人。因此，望你的用功不要超出健康所能容許的限度。此外，每天還要運動，生活要有節制。我希望，每次擁抱你的時候，都會看到你是一個身心越來越健康的人。」

健康的身體是幸福之本，也是成功之本。可是，在現實生活中，有的人不重視健康，以犧牲健康為代價去賺錢斂財，這實在是一種「短視」的行為。

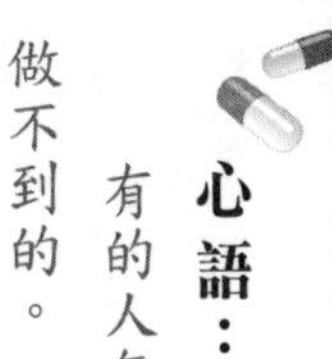

心語：

有的人年輕時拚命用健康去換取金錢，年老時卻又期望用金錢買回健康，這是做不到的。一個人若不為健康投入必要的時間，他就不可能享受時間的慷慨賜予。其實，獲得健康並不一定要花太多的時間和金錢，只要選擇適合自己的方式，堅持運動並持之以恆就行了。

不要怕，不要悔

一個年輕人離開部落，開始創造自己的未來。少小離家，心裡難免有幾分惶恐。他動身後的第一站，是去拜訪部落酋長，請求指點。

酋長正在臨帖練字，他聽說部落有位後輩開始踏上人生的旅途，就隨手寫了三個字：「不要怕。」

然後抬起頭來，望著前來求教的年輕人說：「孩子，人生的秘訣只有六個字，今天先告訴你三個字，供你半生受用。」

二十年後，從前的年輕人已到中年，他有一些成就，也添了很多傷心事。歸程漫漫，近鄉情怯，他又去拜訪那位酋長。

他到了酋長家裡，才知道老人家幾年前已經去世。

家人取出一個密封的信箋對他說：「這是老先生生前留給你的，他說有一天你會再來。」

還鄉的遊子這才想起，二十年前他在這裡聽到人生的一半秘密。

拆開封套，裡面赫然又是三個大字：「不要悔」。

心語：

告訴孩子：人生在世，中年以前不要怕——最大的錯誤是不敢犯錯；中年以後不要悔——最大的遺憾是沒有遺憾。這是經驗的提煉，智慧的濃縮。

不耕田，怎能下田

村裡有位捕魚的老人，因為捕魚技術特別好，人們都稱他為「漁王」。令漁王傷心的是，他兒子的捕魚技術十分平庸。一次，漁王向一位路過他家的客人抱怨自己的苦惱：「從小我就親自教他怎樣撒網、怎樣捉魚。我把一個捕魚人所有的本領，以及我自己多年的經驗一點不漏地傳授給他。可令我想不通的是，他的技術竟比其他一般漁民的兒子還不如。」

客人聽了，想了一會兒，便問：「他每次出海都跟著你嗎？」

「那當然！」漁王說，「為了不讓他走錯路，我一直在他旁邊教導，親自指揮他捕魚。」

客人點點頭說：「這就是了。你雖然教給他一流的捕魚技術，卻忘了讓他自己去吸取經驗和教訓。」

心語：

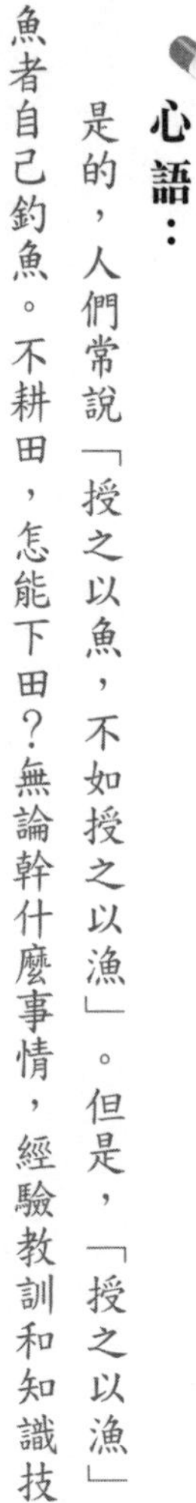

是的，人們常說「授之以魚，不如授之以漁」。但是，「授之以漁」不如讓釣魚者自己釣魚。不耕田，怎能下田？無論幹什麼事情，經驗教訓和知識技術同樣的重要。

母親的品質決定著孩子的未來

拿破崙有一次與貢龐夫人交談時問道：「傳統的教育體制似乎一無是處，為了使人們受到良好的教育，我們缺少的是什麼呢？」

「母親。」貢龐夫人回答說。

這個回答深深地打動了皇帝。

「不錯！」他說，「在這一個詞裡包含著一種教育體制。那麼請您費心，務必要培養出知道怎樣去教育自己孩子的母親。」

心語：

母親的品質決定著孩子的未來。一個家庭，哪怕窮得家徒四壁，只要有一個善良、節儉、樂觀和整潔的女人在料理，這樣的家庭仍是心靈的聖堂與快樂力量的源泉。

母親為社會貢獻的主要產品就是孩子，除了自發的愛以外，母親必須學習教育的藝術，否則，任何教育改革都將是徒勞。

人生第一課

這是美國一家普通的幼稚園。剛剛入園的兒童被老師帶進圖書館，很隨便地坐在地毯上，接受他們的人生第一課。一位圖書館老師微笑著走上來，她背後是整架的圖書。

「孩子們，我來講個故事給你們聽好不好？」

「好！」孩子們答道。於是老師從書架上抽下一本書，講了一個很淺顯的童話。「孩子們，」老師講完故事後說，「這個故事就寫在這本書中，這本書是一個作家寫的，你們長大了，也一樣能寫這樣的書。」教師停頓了一下，接著問：「哪一位小朋友也來講一個故事給大家聽？」

一位小朋友立即站起來。「我有一個爸爸，還有一個媽媽，還有……」幼稚的童聲在教室裡迴盪。然而，老師卻用一張非常好的紙，很認真、很工整地把這個語無倫次的故事記錄下來。

「下面，」老師說，「哪位小朋友來為這個故事配個插圖呢？」

又一位小朋友站了起來，畫一個「爸爸」，畫一個「媽媽」，再畫一個「我」。當然畫得不是很漂亮，但老師同樣認真地把它接過來，附在那一頁故事的後面，然後取出一張精美的封皮紙，把它們裝訂在一起。在封面寫上作者的姓名、插圖者的姓名，「出版」的年、月、日。

老師把這本「書」高高地舉起來：「孩子，瞧，這是你寫的第一本書。孩子們，寫書並不難。他們還小，所以只能寫這種小書；但是，等你們長大了，就能寫大書，成為偉大的人物。」

心語：

人生第一課結束了，在不知不覺之中，孩子受到了某種「灌輸」。我們的教育者——老師、家長、社會，如何看待這種灌輸呢？

小心漂亮外衣下的另一面

一隻小猴爬上母親坐著的樹枝，叫道：「媽，我看到了一隻好漂亮的母獅啊！」

母親從樹上往下面的空地望望。

母親說：「那不是母獅，牠的腿太長，而且身體對於一隻母獅來說也太細長了。不，那是隻斑豹，要留意看清牠大衣上有著黑色斑點呢。」

「牠真美啊。」小猴倒吸了口氣道。

「當然牠是美麗的，」他親答道，「牠也跟你一樣知道這點！所有的動物都跟著牠跑，艷羨不已，但當牠們看到牠的臉時，都恐怖奔逃，那光景可真嚇人呢！」

母猴接下去又說：「小心，我的兒子，斑豹詭計多端。當牠看到有讚美者追隨其後時，總是把面孔掩藏起來，以免把牠們嚇走，接著呢，牠就會迅雷之勢回

轉身來，將牙齒嚙進最接近的獵物，把牠殺掉。」

心語：

外表華麗的背後，可能是別人不知道的另一面。小心對手漂亮外衣和華麗外表掩飾下的醜惡嘴臉，不給他們接近自己的機會。

一把鑰匙開一把鎖

楚國有一個深受狐狸禍害的人，他想方設法抓狐狸，都沒有捉到。

別人教了他一個辦法：「老虎是山中猛獸之王，天下的野獸看見了牠，都會嚇得失魂落魄，趴在地上等死的。」

於是，他找人做了一個老虎模型，拿一張老虎皮蓋在上面，然後放在窗下。狐狸溜進來碰見老虎，叫了一聲便跌倒在地上。又一天，野豬糟蹋他田裡的莊稼，他又叫人把老虎模型拿出來，叫兒子拿著躲在路邊把守，再請田裡的人一齊叫喊。野豬受驚嚇奔逃到樹叢裡，恰好遇到老虎模型，返身就往大路上奔走，一下就被捉住了。

楚國人高興極了，以為老虎模型可以降服天下所有的野獸。此時，野外出現了一個像馬的動物，他又披著老虎模型迎上去。別人勸阻他說：「這是麒麟呀，真老虎都不敢抵擋牠，你去了一定會遭殃的。」

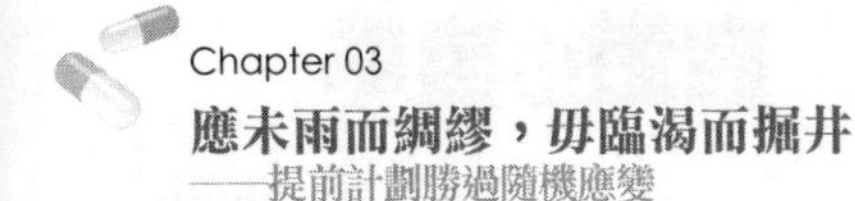

這個人不聽勸告，到了野外，那像馬的動物大吼一聲便衝到他面前，把他抓住，使勁地咬，楚人就這樣死了。

心語：

世界上沒有包治百病的解藥，也沒有可以打開所有鎖的萬能鑰匙。所以，用同一種方法來對付所有的敵人是錯誤的，要因地制宜，一把鑰匙開一把鎖。

為什麼狼會如此聰明

河邊有一隻狼要帶好幾隻小狼過河，以我們粗淺的經驗，狼一定會一隻一隻地叼過去。

但事實並非如此。老狼為了怕子女受傷害，牠會咬死一隻動物，向動物的胃吹足氣，然後再用牙咬住破處，做成一隻鼓鼓的皮筏。藉著這生命的皮筏，全家渡河。

狼在動物界裡，可說是一種非常聰明的動物，如果讓狗與狼單獨搏鬥，敗北的肯定是狗。

雖然狗與狼是近親，牠們的體型也難分伯仲，但為什麼敗北的總是狗呢？有人曾就這問題仔細地對狗與狼進行研究。

結果發現，經人類長期豢養的狗，因為不面臨生存的危機，狗的腦容量比狼小得多。

而生長在野外的狼，為了生存，牠們的大腦得到許多開發的機會，不但非常有創造性，而且有著異乎尋常的生存智慧。

心語：

一個人，想在異常激烈的社會競爭中不被淘汰，還是要處在有一點生存危機的狀態下。因為萬物皆有惰性，一旦條件優越，就難免不思進取。

狄仁傑的為人之道

狄仁傑是武則天當政時的一位名宰相。他在當豫州刺史時，辦事公平，執法嚴明，受到當地人民的稱讚。

於是，武則天把他調回京城，任宰相。

有一天，武則天對狄仁傑說：「聽說你在豫州的時候，名聲很好，政績突出，但也有人揭你的短，你想知道是誰嗎？」

狄仁傑答道：「人家說我的不好，如果確是我的過錯，我願意改正，如果陛下已經弄清楚不是我的過錯，這是我的幸運。至於是誰在背後說我的不是，我不想知道，這樣大家可以相處得更好些。」

武則天聽了，覺得狄仁傑氣量大，胸襟寬，很有政治家風範，更加賞識他，敬重他，尊稱他為「國老」，還贈給他紫袍色帶，並親自在袍上繡了十二個金字，以表彰他的功績。

後來，狄仁傑因病去世，武則天流著淚說：「上天過早奪去了我的國老，使我朝堂裡沒有像他那樣的人才了。」

心語：

「誰人人後無人說，誰人人前不說人？」對於他人的議論，如果太在意，那勢必勞神傷身，於事無益。狄仁傑的處世之道，可資借鑒。

其實世界沒有那麼可怕

有一隻老鼠告訴父母，牠要去海邊旅行。父母聽後大聲說道：「真是太可怕了！世界上到處充滿了危險，你千萬不能去！」

「我決心已定，」老鼠堅定地說，「我從未見過大海，現在應該去看看了。你們阻攔也沒用。」

「既然攔不住你，那麼，你千萬要多加小心啊！」老鼠的爸爸媽媽憂心忡忡地說。

第二天天一亮，老鼠就上路了。半天還沒過去，老鼠就碰到了麻煩和恐懼。一隻貓從樹後跳了出來，牠說：「我要用你來填飽我的肚子。」

這對老鼠來說，真是性命攸關。牠拚命地奪路逃命，儘管一截尾巴落到貓嘴裡，但總算是倖免一死。

到了下午，老鼠又遭到了鳥和狗的襲擊，牠不止一次被追得暈頭轉向，遍體鱗傷，又累又怕。

傍晚，老鼠慢慢爬上最後一座山，展現在眼前的是一望無際的大海。牠凝視著一個接一個拍打岸邊的翻滾浪花，藍天裡是一片色彩繽紛的晚霞。

「太美了！」老鼠禁不住喊了起來，「要是爸爸和媽媽現在和我在一起共賞這美景該有多好啊！」海洋上空漸漸出現了月亮和星星。老鼠靜靜地坐在山頂上，沉浸在靜謐和幸福之中。

心語：

其實世界沒有我們想像的那麼可怕。有許多人阻撓我們，只是因為他們沒有嘗試過，以為別人和自己一樣都是過著平庸的日子。路雖有阻且漫長，但登高能望遠，無限風光在險峰。

不要替選擇賦予太多的意義

當你的母親、妻子、孩子都掉進水中時，你先去救誰。

不同的人給出不同答案，眾說紛紜。心理學家就不同的答案作出深入的分析，說明不同的人潛意識裡的重大差異。

村莊被洪水沖沒，一位村民從水中救出了他的妻子，但孩子和母親都被衝走了。

事後，大家七嘴八舌，有的說救對了，有的說救錯了。

心理學家問他當時是怎麼想的。

他說：「我什麼也沒想。洪水來的時候，妻子正在我身邊，我抓住她就往高處游。當我返回時，母親和孩子都不見了。」

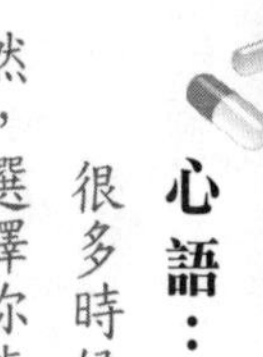

心語：

很多時候，選擇的理由只是本能，只是一種自然最可能成功的反應——順應自然，選擇你能夠輕而易舉得到的，然後再想其他的，對於某些選擇，不要賦予太多的牽強意義。

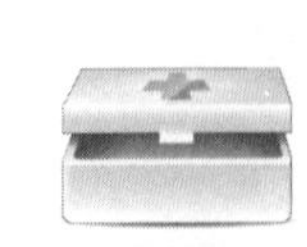

朋友的勸告像多變的天氣

猴子撐著傘在濃密的樹林中散步，路上碰見了他的朋友長臂猿。

「喲，我的好朋友，」長臂猿說，「這麼個大晴天，你怎麼還打著傘啊？」

「是啊，真令人氣惱。我實在沒辦法合上這把討厭的傘。不過要是沒有這把傘，萬一下起雨來該怎麼辦呢？可是現在，唉，我躲在傘下便享受不到這麼明媚的陽光了。」

「這很簡單，你只要在傘上挖幾個洞，太陽光不就會照在你身上了嗎？」長臂猿替牠想了一個辦法。

「對！你這個主意真好！」猴子情不自禁地叫了起來，「謝謝你。」說完便轉身跑回家，拿起剪刀在傘上挖了幾個大洞。

過後，猴子又去散步了。溫暖的陽光從洞中射了進來，「太舒服了。」他滿意極了。

可是，不一會兒，太陽躲到雲層背後去了，幾滴雨點之後，傾盆大雨便緊接著下下來。雨水從那些洞裡灌進來，頃刻間，倒霉的猴子成了一隻落湯雞。

心語：

朋友的勸告就像多變的天氣，有時是好的，有時卻是壞的。好與壞，要經過自己的大腦過濾一番，沒有人替你的選擇承擔責任。

受益一生的四句話

一位十六歲的少年去拜訪年長的智者。

少年問：「我怎樣才能變成一個自己愉快、也能帶給別人快樂的人呢？」

智者送給少年四句話。第一句是，把自己當成別人。在你感到痛苦憂傷的時候，就把自己當成是別人，這樣痛苦自然就減輕了；當你欣喜若狂的時候，把自己當成別人，那些狂喜也會變得平和一些。

第二句話，把別人當成自己。真正同情別人的不幸，理解別人的需要，而且在恰當的時候給予恰當的幫助。

第三句話，把別人當成別人。充分尊重每個人的獨立性，在任何情形下都不能侵犯他人的核心領地。

第四句話，把自己當成自己。因為你愛別人，所以你要愛自己。

少年說：「這四句話之間有許多自相矛盾之處，我怎樣才能把它們統一起來呢？」

智者說：「很簡單，用一生的時間和經歷。」

少年沉默了很久，然後叩首告別。後來少年變成了中年人，又變成了老人。在他離開這個世界很久以後，人們還時時提到他的名字，都說他是一位智者。

心語：

把自己當成別人，把別人當成自己，把別人當成別人，把自己當成自己——不失為愛人和愛己的四種境界。作為智者，他不僅是一個愉快的人，而且也能為每一個見過他的人帶來快樂。

Chapter 04

三年學醫，寸步難行——

自戀和自卑都是一種病

The key to a happy life

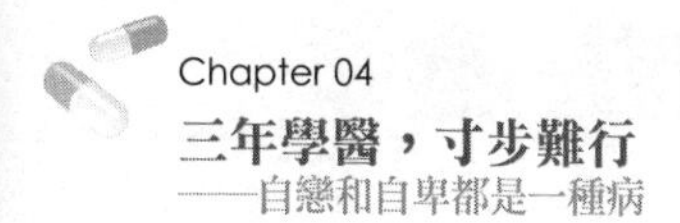

三年學醫，寸步難行

一個學生問老師：「老師，你掌握的知識比我多許多倍，可是為什麼你對自己的解答總是有點懷疑呢？」老師用手杖在沙土上面畫了個大圓圈，又畫了個小圓圈，然後說：「大圓圈的面積代表我掌握的知識，小圓圈的面積代表你掌握的知識，這兩個圓圈以外的地方就是你和我無知的部分。因為大圓圈比小圓圈大，因而接觸無知的部分也比小圓圈多，這就是我常常懷疑自己的原因。」

心語：

承認自己無知、少知為智者之舉。謙虛態度和強烈的求知慾，叫人敬仰；自我感覺良好、自以為知之甚多者，則恰恰給人一個無知的印象。

隨時準備一個廢紙簍

據說愛因斯坦被帶到普林斯頓高級研究所他的辦公室那天，管理人員問他需要什麼用具。愛因斯坦回答說：「我看，一張桌子或檯子，一把椅子和一些紙張鋼筆就行了。啊，對了，還要一個大廢紙簍。」

「為什麼要大的？」

「好讓我把所有的錯誤都扔進去。」

心語：

成不了愛因斯坦的人於是養了一大批孩子，個個都叫錯誤。他們溺愛、包庇、疼愛著自己的孩子。丟棄錯誤，我們才會看到一條向上的路。

有三件事你必須自己做

宋朝著名的禪師大慧門下有一個弟子道謙。道謙參禪多年，仍不能開悟。一天晚上，道謙誠懇地向師兄宗元訴說自己不能悟道的苦惱，並求宗元幫忙。宗元說：「我很高興能夠幫助你，不過有三件事我無能為力，你必須自己做！」

道謙忙問是哪三件事。宗元說：「當你肚子餓時，我不能幫你吃飯，你必須自己吃；當你想大小便時，你必須自己解決，我一點也幫不上忙；最後，除了你之外，誰也不能馱著你的身子在路上走。」

道謙聽罷，心胸豁然開朗，快樂無比，他感到了自我的力量。

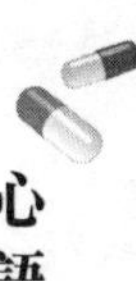

心語：

你就是自己的發動機，只有你才能讓自己變得非常有力量，和別人不一樣。

多讀些好書是件好事

著名歷史學家麥考萊曾寫信給一個小女孩：「如果有人要我當最偉大的國王，一輩子住在宮殿裡，有花園、佳餚、美酒、大馬車、華麗的衣服和成百的僕人，條件是我不讀書，那麼我決不當國王。我寧願做一個窮人，住在藏書很多的閣樓裡，也不願當一位不愛讀書的國王。」

心語：

讀書，這個我們習以為常的平凡過程，是人心靈與古今一切民族偉大智慧相結合的過程。教育孩子多讀一些好書終歸是一件好事。

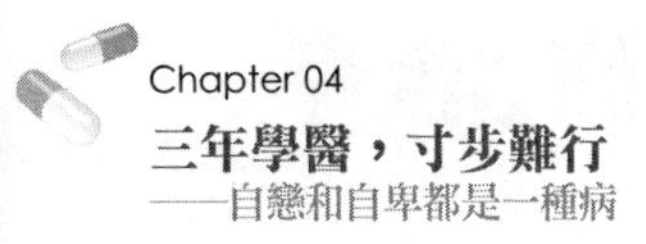

埋頭苦幹，倒不如靜心思考

一位知名物理學教授睡到半夜醒來，發現實驗室裡燈火通明，以為有小偷光顧，連忙趕過去一探究竟。豈知開門一看，虛驚一場，在實驗室中徹夜不眠忙碌著的，是他的學生。

教授關心地問：「你這麼晚還沒休息，在忙些什麼呢？」

學生不曾停下手邊的工作，只隨口回答了一句：「我正在做實驗啊！」

「你現在做實驗，那麼白天在做些什麼呢？」

「我白天也都在做實驗啊。」

「你的意思是說，你花了一整天的時間不眠不休，都只為了做實驗？」教授繼續追問。

學生滿心歡喜，以為自己表現出如此好學的態度，一定能獲得老師的讚賞，因此他故作謙虛地說：「是的，老師，我希望能夠盡我所能，多學會一點東西。」

教授稍微停頓了一下，然後說：「勤學固然很好，只是我十分好奇，你把所有的時間都花在做實驗上，那麼你用什麼時間來思考呢？」

心語：

埋頭苦幹、積極投入的態度固然是好的，然而一味鑽營、意欲求快的心態卻是不對的；求好心切，投入工作是好的，不懂得如何拿捏，盲目透支精力卻是不必要的。故事中，那位自以為好學不倦的學生，用了所有的心力在實驗上，忽略了思考才是學習的根本，實驗的目的只是幫助思考而已，本末倒置的結果，當然學無所成。我們不也常常如此嗎？賺錢是為了生活，抑或生活是為了賺錢？孰輕孰重，孰為本孰為末，如果分不清楚，影響所及的，或許正是我們的人生成功與否。

自戀和自卑都是一種病

一個萬籟俱寂的月夜，天使進入動物園，問動物們是否滿意自己的面貌，如果不滿意，天使可以替大家整容。

天使先問猴子，猴子說：「我不覺得自己難看，但大象的鼻子真醜。」象大聲叫道：「我肥頭大耳多體面，只是馬的臉未免太長了呀！」馬聽了恨不得踢象一腳，立即說：「我臉雖長，卻很清秀，熊的臉和眼睛多難看呀！」

熊低了頭，似乎很鎮靜，心裡卻氣極了，忽然一隻兔子跑了過來，牠指著兔說：「兔子尖嘴尖臉真不漂亮。」

兔子怒道：「大家都說我小巧伶俐，你們都瞎了眼嗎？這隻野豬才是世上最醜的呢！」

野豬對天使說：「我們中間算猴子的臉最怪，為何牠不整容呢？」

「你們既都滿意自己，都覺得別人醜，我就不替你們整容了。」天使說完就走了。

心語：

看來，動物對自己的容貌還是滿有自信的。不論你長得怎樣，覺得別人比不上自己好看，或者覺得自己比不上別人好看，兩者都是一種病。前者是自戀，後者是自卑。

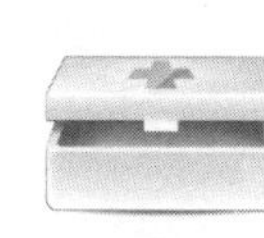

每個人都要有一項最出色的能力

某年，德國一家電視台推出新節目，用極優厚的獎金徵選「十秒鐘驚險鏡頭」。

許多新聞工作者趨之若鶩，最後獲得冠軍的作品，是一個取名為「臥倒」的畫面，掌鏡者只是一位剛入行的年輕人。

幾個星期後，這個十秒鐘的作品在電視台黃金時段播出。當天晚上，幾乎所有德國人都守在電視機的前面，準備仔細觀看這個冠軍作品究竟好在哪裡。大家從等待、好奇到議論紛紛，最後每個人的眼裡都泛起了淚光。

這個畫面是：火車站上，有一個扳道工正走向自己的崗位，為即將到來的火車扳動道岔。就在這時，他無意間回過頭一看，發現兒子正在鐵軌的另一端玩耍，而那個位置是正要進站的火車準備行駛的軌道。

完全沒有時間可以猶豫的父親，在那一剎那間必須救兒子，也必須扳道才能避免一場災難。

就在那一刻，他威嚴地朝著兒子大喊：「臥倒！」在叫喊的同時，他衝過去扳動火車的道岔。

千鈞一髮之際，火車進入了預定的軌道，而另一邊的火車也呼嘯而過。然而兩個車道上的旅客卻完全不知道，他們的生命剛才險些消失在瞬間。更不知道，當他們乘坐的火車轟鳴而過時，有個小生命正臥倒在鐵軌邊，而且毫髮未傷。這一幕剛好被一位經過的記者看見，並拍攝了下來。

大家看完之後都猜測，這位扳道工人一定是位非常優秀的人才。直到記者再次登門拜訪後才知道，原來這位扳道工只是個平凡的老百姓，做的是最基層的職務，唯一值得一提的是，同事們都誇他忠於職守，每一個動作連一秒都沒有失誤過。更令人吃驚的是，那個勇敢的小男孩是一個智能不足的孩子。

父親對記者說：「其實，我也不知道該怎麼教育他，只是一遍又一遍地告訴他說：『孩子，你長大後能做的事情實在太少了，所以你必須培養一項最出色的能力！』」

雖然兒子並不懂得父親的話，每天仍然傻呼呼地過日子。但是，在生命攸關的那一秒，他卻能快速地「臥倒」，而這個漂亮的動作，正是他和父親玩打仗遊

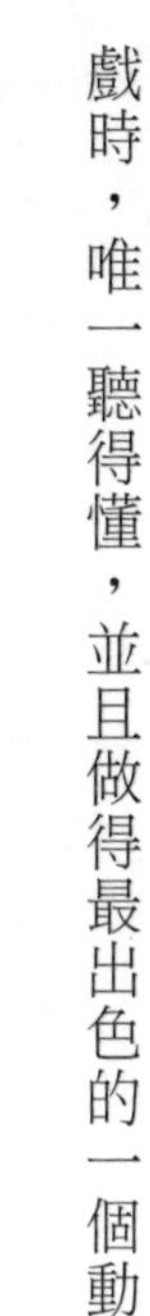

戲時，唯一聽得懂，並且做得最出色的一個動作。

心語：

所謂的天才，多數只有一項最出色的天分，於是如此不凡。當鏡頭下的喜憨兒，把被訓練出來的「臥倒」動作，出色地表現出來的時候，就明白告訴我們天分也是可以培養的，而且只需要一項最出色的能力。

能力不必多，生命有限，每個人的學習能力也有限，我們沒有辦法把所有的事情都攬在身上。只要能盡情發揮天分與能力，自然就能把生命最好的部分呈現出來。

不需要想的，就別浪費精神

有一個上了年紀的老人，非常喜歡留大鬍子，他臉上一把花白的鬍子，足足有一尺長。有一天，老人在門口遛躂，遇見了鄰居家的五歲小孩。小孩童言童語好奇地問他：「老爺爺，你這麼長的鬍子，晚上睡覺的時候，是把它放在被子裡面呢？還是放在被子外面的？」老人竟一時語塞，答不上來。

到了晚上準備睡覺的時候，老人突然想起白天小孩子問的話。他先把鬍子放在被子外面，但是怎麼樣都感覺很不舒服，於是又把鬍子拿到被子裡面，仍然覺得很難受。就這樣，老人一會兒把鬍子拿出來，一會兒又把鬍子放進去，整整一個晚上，始終想不起過去睡覺的時候，鬍子究竟是怎麼放的。

第二天天剛亮，老人就去敲鄰居家的門。正好是小孩子來開門，老人生氣地敲了他一記，說道：「都怪你這小孩，沒事問我什麼怪問題，讓我一晚上沒睡好覺！」

心語：

法國哲學家笛卡兒說：「我思故我在」，而英國詩人拜倫也說：「思想的大廈，是靈魂的宮殿。」正說明不論古今中外的哲人學士都重視思考的價值。因為有了思想的存在，才讓人之所以為人，異於其他生物，成為一個獨特的群體。

但是，不可否認的是，我們常常想得太多，該想的、不該想的全都丟進腦子裡，又不肯定期清理腦中垃圾，積壓過久，全成了疏通不開的煩惱，將我們的心緊緊裹住，無法呼吸。

這都是因為我們膨脹了事件本身的關係，正如心理學家艾利斯所說：「事件的本身沒有意義，是我們的想法決定了它的意義。」

鬍子放在被子裡或放在被子外，又有什麼關係呢？一個無聊的問題，就可以讓故事中的老人煩得夜不成眠。

但是仔細想想，這樣的事件不也在我們生活週遭層出不窮的出現？多少夫妻因為從哪一頭開始擠牙膏、換不換拖鞋……這些芝麻小事吵翻了天？多少兄弟姊妹因為父母多給了誰一顆糖而大打出手？

要虛心求教，也要有清醒的頭腦

一個牧童趕著牛群四處找尋茂盛的牧草，一路浩浩蕩蕩地來到河邊，遠遠望去，只見對岸碧草青青，想必足可供牛群飽餐一頓。

但是，河水看起來流得十分湍急，不知河心的深度如何，牧童望著岸邊淺灘，正猶豫著要不要趕牛群渡河。正當他猶豫不決之際，突然望見對岸有人趕著一群鴨子。

牧童連忙大聲問道：「喂，趕鴨子的大哥，你那群鴨子是不是從這邊趕過去的？」

趕鴨的人回答：「是啊！」

牧童再問：「河水深不深啊？」

趕鴨人問答：「沒問題吧，河水不深，我的鴨子都過得來了。」

牧童聞言大喜，立即將牛一隻一隻趕入河水中。不料，牛群一走到河心，竟

紛紛失足，最後全被湍急的水流沖走。牧童也差點被淹死，幸好他水性不錯，連忙游到對岸。

他又急又怒地衝過去，一把扯住趕鴨人的胸口：「我和你有什麼仇，你為什麼騙我說水不深，害得我的牛白白被水沖走，我要你賠。」

趕鴨人一臉茫然：「要我賠？我沒騙你啊！我的鴨子腳這麼短，都能過得來，你的牛腳那麼長，我怎麼知道牠們過不來？」

心語：

真是典型的「雞同鴨講」，你說趕鴨人有錯嗎？他只是以自己的立場來思考，而牧童不辨真相，不經深思熟慮就輕易相信別人的片面之詞，所以遭了殃，實在怪不得別人。

事情不能只看表面，一家商店生意興隆，如果你看了眼紅也想自己開一家，卻不事先做好功課，貿然的將資金投了進去，是不是能收到預期的效果，根本說不準。

每個人背景和能力都不同，如果只是想依樣畫葫蘆，只怕到最後畫虎不成反類犬，吃力反而不討好，還招來別人恥笑。

美國作家麥爾頓說：「一個成功者會以最謙虛的態度，來接受一個最忠誠的指導，這並不影響他的獨立人格。但是，在你接受指導之前，必須進行冷靜的分析，千萬別存有屈服感。」

我們當然應該保持虛心求教的態度，但我們也應該謹慎保持清醒的頭腦，對答案重新整理一遍，去蕪存菁，只取自己需要的；問對問題可以一針見血破解迷津、豁然開朗，倘若問錯問題而得到錯誤的答案，損失可就慘重了。

把所有的光線聚於一點

有一個人擁有很多雙鞋，他每次出門前總要考慮今天穿哪雙更好、更時髦，所以他總是很晚才出門。

還有一個人只有一雙鞋，他每次出門前總要考慮今天走哪條路更正確，所以他也很晚出門。

當我們走在大街上時，肯定有以上兩種人在身邊走過。

心語：

一心一意地做自己認定的事情，不要分神，不要像小貓釣魚一樣，否則什麼事也做不成。記住，太陽光的溫度再高，也不能將地球表面上的物體點燃。然而，只要用放大鏡就可以把所有的光線聚於一點，另紙張燃燒起來，我們做事亦是同理。

麵包師的一生

一個天才麵包師，自從生下來，就對麵包有著無比濃厚的興趣。長大後，他如願以償地做了麵包師。他做麵包時，要有絕對精良的麵粉和奶油；要有一塵不染、閃光晶亮的器皿；身旁的助手要聰明伶俐；伴奏的音樂要稱心如意。他說這四個條件缺一不可，否則就沒有創作靈感。這位麵包師完全把麵包當作藝術品。哪一天要是沒做麵包，他就會滿心愧疚：他從來不會去想今天少做了多少生意，然而他的生意卻出人意料的好，超過了所有比他更聰明努力賺錢的人。

心語：

世間的許多事情都是如此，當你刻意追逐時，它就像蝴蝶一樣振翅飛遠；當你摒去表面的凡塵雜念，專心致力於一項事情時，那意外的收穫已在悄悄問候你。

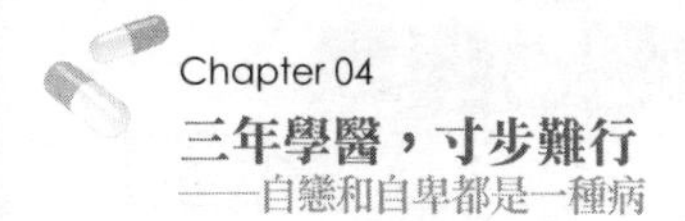

睜開你的第二隻眼

一個人去某地調查該地區貧困的原因。出發前，有人告訴他，那兒的人特別好吃懶做。果然，他來到此地後，下車去田裡暗訪，看到一個農夫模樣的人在割草，那人坐在深深的草叢裡，割一會兒就喘一會兒氣。調查者想，連割草都要坐著，這兒的人真是懶得不可救藥了，於是他生氣地往回走。就在他轉身的一瞬間，眼角不經意間又瞥了那人一眼，發現那農夫原來根本就沒有雙腿！調查者驚出了一身汗，想，幸虧我看了第二眼，否則就要冤枉了一個勤勞的殘疾人啊！

心語：

人們常常被假象所迷惑，要睜開你的第二隻眼睛。第二隻眼的意義就在於不為第一印象迷惑，不急於下結論，凡事都要經過認真思考。

別在同一面牆上撞來撞去

有個教徒在祈禱時，煙癮來了，他問在場的神父，祈禱時可不可以抽煙，神父回答：「不行」。

另一個教徒也想抽煙。他問神父，在抽煙的時候可以不可以祈禱。神父回答：「當然可以。」

同樣是抽煙加祈禱，要求祈禱時抽煙，似乎意味著對耶穌的不尊重；而要求抽煙時祈禱，則可以表示在休閒時也想著神的恩典，神父當然沒有反對的理由。

心語：

我們通常都會犯同一個錯誤——在同一面牆上撞來撞去，直到撞得頭破血流。

只要從相反的角度去觀照你所要解決的問題，也許會找到你的答案。

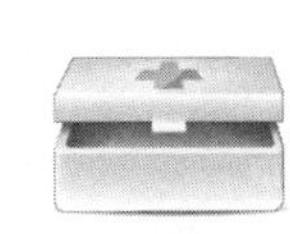

人生的大門往往是沒有鑰匙的

兩個兒子大了，富翁老了。這些日子富翁一直在苦苦思索，到底讓哪個兒子繼承遺產？富翁百思不得其解。想起自己白手起家的青年時代，他忽然靈機一動，找到了考驗他們的好辦法。

富翁鎖上宅門，把兩個兒子帶到一百里外的一座城市裡，然後給他們出了個難題，誰答得好，就讓誰繼承遺產。他交給他們一人一串鑰匙、一匹快馬，看他們誰先回到家，並把宅門打開。

馬跑得飛快，所以兄弟倆幾乎是同時回到家的。但是面對緊鎖的大門，兩個人都開始發愁了。

哥哥左試右試，苦於無法從那一大串鑰匙中找到最合適的那把；弟弟呢，則苦於沒有鑰匙，因為他剛才光顧著趕路，鑰匙不知什麼時候掉在了路上。

兩個人急得滿頭大汗。突然，弟弟一拍腦門，有了辦法，他找來一塊石頭，幾下子就把鎖砸壞，順利進了家門。

自然，繼承權落在了弟弟手裡。

心語：

人生的大門往往沒有鑰匙，在命運的關鍵時刻，人最需要的不是墨守成規的鑰匙，而是一塊砸碎障礙的石頭！

術業有專攻

孔子跟師襄子學習彈琴，一連十天，沒有再學新的內容。

師襄子說：「可以學習新的內容啦。」

孔子回答：「我雖然練習這支曲子，但是技巧還沒有掌握到。」

過了一段時間，師襄子說道：「技巧你已經掌握到了，可以學習新的內容了。」

孔子回答說：「我還沒有領悟出主旨呢。」

又過了一段時間，師襄子說道：「現在樂曲的主旨你已經領悟到了，可以學習新的內容了。」

孔子回答說：「我還沒有體察到作曲者的境界呢。」

又過了一段時間，孔子在彈奏時受到樂曲的感染，有時進入深沉的境界，有時感到心曠神怡，胸襟開闊。於是說道：「我體察到作曲者的境界了。他膚色黝黑，身材魁梧，眼光明亮而高瞻遠矚，好像有統治天下的帝王氣魄。除了文王，誰還能創作出這樣的樂曲呢？！」

師襄子聽了，立刻從座席上起來，向孔子施禮道：「我的老師曾經告訴過我，這正是文王譜寫的《文王操》啊！」

孔子不愧是一代聖人，他在幾千年前就告訴了我們目標專一的重要。

心語：

術業有專攻，無論什麼時候，一定要抱住自己的專業不放鬆，這才是一個人安身立命的本錢。你可以花大部分的精力時間去掌握自己專業的新發展，至於對其他領域，在顧得過來的情況下，開闊眼界和思路足矣。抓住時代潮流，指的是思維方式和專業水準，而不是所有新鮮事物都得去瞭解掌握。

跳出「非此即彼」的惡性循環

公司招聘職員，有一道試題是這樣的：一個狂風暴雨的晚上，你開車經過一個車站，發現有三個人正苦苦地等待公車的到來：

第一個是看上去瀕臨死亡的老婦。

第二個是曾經挽救過你生命的醫生。

第三個是你的夢中情人。

你的車只能容得下一位乘客，你選擇誰？

每個人的回答都有他的理由：選擇老婦，是因為她很快就會死去，應該挽救她的生命；選擇醫生，是因為他曾經救過你的命，現在是報答他的最好機會；選擇夢中情人，是因為如果錯過這個機會，也許就永遠找不回她了。

在兩百個候選人中，最後獲得職位的答案是什麼呢？

「我把車鑰匙交給醫生，請他趕緊把老婦送往醫院；而我則留下來，陪著心愛的人一起等公車。」

心語：

我們常常會被「非此即彼」的思維模式所限，「自己從車上下來」，拋開思維的定式，我們可以獲得更多。

兩家小店

有兩家賣粥的小店。左邊這家和右邊那家每天的顧客相差不多，都是川流不息，人進人出。然而晚上結算的時候，左邊這家總是比右邊那家多賺了幾百元，天天如此。

於是，一位先生走進了右邊那家粥店。服務小姐微笑著把他迎進去，盛好一碗粥給他。

問：「加不加雞蛋？」先生說加。於是她替他加了一個雞蛋。

每進來一個顧客，服務小姐都要問一句：「加不加雞蛋？」有說加的，也有說不加的，大概各佔一半。

這位先生又走進左邊那家小店。服務小姐同樣微笑著把他迎進去，替他盛好一碗粥。

問：「加一個雞蛋，還是加兩個雞蛋？」

先生笑了，說：「加一個。」

下一個顧客再進來，服務員又問：「加一個雞蛋還是加兩個雞蛋？」愛吃雞蛋的就要求加兩個，不愛吃的就要求加一個。也有要求不加的，但是很少。一天下來，左邊這家小店就比右邊那家多賣出很多個雞蛋。

心語：

給人留有餘地，更要為自己爭取盡可能大的領地。只有這樣，才會在不聲不響中獲得勝利，銷售不僅僅講究方法而已，還要對消費者心理有所理解。

跑得快，還需跑得穩

畢業前夕，一個大晴天，班主任把學生們帶到操場上說：「這是最後一課了。我給大家一個作業，說易不易，說難不難。請大家繞這五百米操場跑兩圈，並記下跑的時間、速度以及感受。」說完便走了。

二十年後師生又相聚，老師說：「你們畢業前那次作業大家還記得嗎？我離開操場後，在教室走廊上觀察了同學們的完成情況。現在，二十年後的今天，我來講評一下。跑完兩圈的有四人，時間在十五分二十秒之內，一人扭傷了腳，一人因為跑太快摔了跤，有十五人跑一圈後覺得無趣，退在跑道外聊天。其餘的覺得這個作業沒什麼，連跑都沒有跑。」

大家很驚訝老師記得如此清楚，似乎又看到老師昔日的風采，紛紛鼓掌。掌聲落下，老師繼續說：「我就這次作業，並結合七十餘年人生體驗，送各位四句話：其一，成功只垂青有準備的人；其二，身邊的小蘑菇不撿的人，撿不到大蘑菇；其三，跑得快，還需跑得穩；其四，人有了起點並不意味就有了終點。」

心語：

人生路上，既要跑得快，還需跑得穩一些。成功在於堅持、在於從小事做起、腳踏實地，如果你能堅持著，總有一天它會垂青於你。

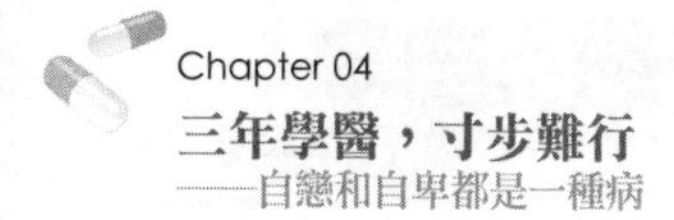

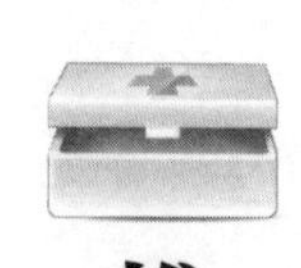

推銷成功的萬靈丹

秘書把名片交給董事長，董事長不耐煩地把名片丟了出去。門外的業務員禮貌地說：「沒關係，我下次再來，請董事長留下我的名片。」秘書又硬著頭皮把名片遞進去，董事長氣極了，把名片撕成兩半丟到垃圾桶裡，並且拿了五塊錢，發瘋似地說：「五塊錢買他一張名片，叫他走！」秘書把五元錢交給業務員，業務員又拿出一張名片說：「我的名片兩塊五毛錢一張，五塊錢可以買兩張，所以我還欠董事長一張名片，麻煩交給他。」沒多久，董事長滿面笑容地走了出來，熱情地把業務員迎了進去。

心語：

想推銷成功就要有鍥而不捨的精神，戰勝拒絕，你才會有成功的希望。

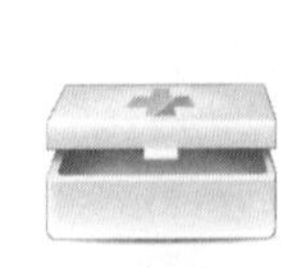

沒有一點點火花就沒有震耳驚雷

兩個漁夫聽說海螺在市場上特別搶手，於是一大早就出去撿海螺。年輕的漁夫心想：「我眼睛好，腿腳又利落，比起那個老的來，我的收穫肯定會多得多，而且一定要挑選那些又大又好的。」

一老一少兩個漁夫開始撿海螺。老漁夫只要看見海螺就如獲至寶地撿起來，年輕人總是撇撇嘴，暗自說：「這麼小的他也要，彎一次腰都不划算！」

不一會兒，老人的袋子裡就有了一小半了，而年輕人的袋子還是軟塌塌的。年輕人還是不屑一顧地說：「那又怎樣！我走得快，而且眼睛尖，只要能發現一處海螺多的地方，我彎一次腰就能撿得更多。」

年輕的漁夫就這樣走了大半天，始終沒有發現海螺又多又大的地方，他的袋子裡依舊只有一點點，那還是他很不情願的彎了幾次腰得到的收穫，而老人的袋子已經漲鼓鼓的了。

晚上，兩個人一同回去，遇見另一個漁夫。那個人問道：「那個地方的海螺多嗎？」

老漁夫樂呵呵地回答說：「多啊！很多啊！你看我一天撿了這麼多呢！」

年輕漁夫的聲音同時也夾雜在裡面：「哪兒有什麼海螺啊！一塊地方只有零星的幾個，不值得撿！」

心語：

沒有一點點火花就沒有震耳驚雷。小的不要，零散的不要，又怎能有豐厚的積累。大海之所以浩瀚博大，正是因為不放棄一點點的溪流。

妄下結論

早年在西伯利亞，有一對年輕人結婚，婚後他的太太因難產而死，留下一個孩子。

他忙於生活，沒有人幫他照看孩子。因而他訓練了一隻狗，那隻狗聰明聽話，能照顧孩子，咬著奶瓶餵奶，撫養孩子。

有一天，主人出門去了，交代狗照顧孩子之後，他就到別的村子去了。因遇大雪，當日不能回來，第二天才趕回家，狗立刻叫著出來迎接主人。

他把房門打開一看，到處是血，抬頭一望，床上也是血，孩子不見了，狗也渾身是血。主人發現這種情形，以為狗獸性發作，把孩子吃掉了，狂怒之下，拿起刀來向著狗頭一劈，把狗殺死了。

之後，他突然聽到孩子的聲音，只見他從床下爬了出來，於是抱起孩子看，雖然身上有血，但並未受傷。他很奇怪，不知究竟是怎麼一回事，再看看狗身，

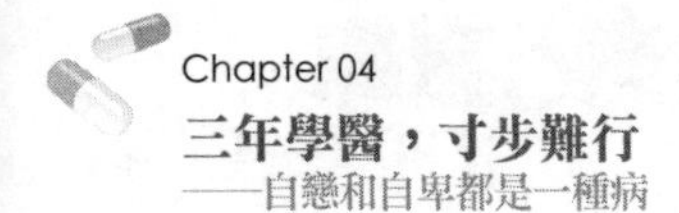

腿上的肉沒有了，床底下有一隻狼，口裡還咬著狗的肉。

原來，狗救了小主人，卻被主人誤殺，這真是可悲的誤會。

心語：

多思多想，不要聽到些什麼或看見些什麼就妄下結論。沒有調查就沒有發言權，沒有調查的行動是不會有太多收穫的。

用皮鞋演奏的帕格尼尼

意大利著名小提琴家帕格尼尼，最擅長演奏旋律複雜多變的樂曲，他高深的琴技很受古典音樂愛好者的激賞。

有天晚上，帕格尼尼舉行音樂演奏會，有位聽眾聽了他出神入化的演奏之後，以為他的小提琴是具魔琴，便要求一看。帕格尼尼立即答應了。那人看看小提琴，跟一般的琴沒什麼兩樣，心裡覺得很奇怪。帕格尼尼看出他的心事，便笑著說：「你覺得奇怪是嗎？老實告訴你，隨便什麼東西，只要上面有弦，我都能拉出美妙的聲音。」

那人便問：「皮鞋也可以嗎？」

帕格尼尼回答：「當然可以。」

於是那人立刻脫下皮鞋，遞給帕格尼尼。帕格尼尼接過皮鞋，在上面釘了幾根釘子，又裝上幾根弦，準備就緒，便拉了起來。說也奇怪，皮鞋在他手上，演

奏起來竟跟小提琴差不多，不知情的人，在聽了這個美妙的旋律之後，還以為是用小提琴拉的呢！

心語：

鑽研任何一種技藝，一定要經過長時期的苦練，才能達到出神入化、隨心所欲的境界，這是絕對沒有偶然的。

忙並不等於充實

朋友要在客廳裡掛一幅字畫，便請鄰居來幫忙，字畫已經在牆上扶好，正準備上釘子。

鄰居說：「這樣不好，最好釘兩個木塊，把字畫掛在上面。」

朋友聽從了鄰居的意見，請他去找鋸子。剛鋸了兩三下，鄰居說：「不行，這鋸子太鈍了，得磨一磨。」

於是鄰居丟下鋸子去找銼刀。銼刀拿來了，他又發現銼刀的柄壞了。為了換一個柄，他拿起斧頭去樹林裡尋找小樹。正要砍樹時，他發現那把生滿鐵鏽的斧頭實在是不能用，必須磨一下。

磨刀石找來後鄰居又發現，要磨那把斧頭，必須用木條把磨刀石固定起來。為此，他又出去找木匠，說木匠家有現成的木條。

然而，這一走，朋友就再也沒有等到鄰居回來。當然，那幅字畫，朋友還是一邊一個釘子把它釘在了牆上。

第二天朋友再見到鄰居的時候是在街上，他正在幫木匠從五金商店裡往外搬一台笨重的電鋸。

心語：

做任何事都要目的明確，不要為了忙而忙，到頭來白忙一場。問問自己為什麼而忙？忙並不等於充實，想要過充實的生活並不需要多忙——忙是沒有效率的人的推脫之辭。

Chapter 05

天行健，君子以自強不息——可以輸給別人，不能輸給自己

The key to a happy life

蝴蝶為何耗盡了氣力

一隻蝴蝶從窗戶飛進來，在房間裡一圈又一圈地飛舞，有些驚慌失措。顯然，牠迷了路。左衝右突努力了好多次，都沒能飛出房子。這隻蝴蝶之所以無法從原路出去，原因在於牠總在房間頂部的那點空間尋找出路，總不肯往低處飛——低一點的地方就是洞開著的窗戶。甚至有好幾次，牠都飛到離窗戶頂部至多兩三寸的位置了！最終，這隻不肯低飛一點的蝴蝶耗盡了氣力，氣息奄奄地落在桌上，像一片毫無生氣的葉子。

心語：

目標稍微下調一點，稍微腳踏實地一點，眼前定會海闊天空，風光無限。很多時候，我們就因為缺乏下調一點的勇氣。

敲響成功扉門的人

法國作家大仲馬有一個朋友，他向出版社投稿經常被拒絕。這位朋友向大仲馬求教。大仲馬的建議很簡單：請一個職業抄寫人把他的稿子乾乾淨淨地謄寫一遍，再把題目做些修改。

朋友聽從了大仲馬的建議，結果文章被一個以前拒絕過他的出版商看中了！

再好的文章，如果書寫太潦草，誰還會有耐心去拜讀呢？

心語：

在成功路上，不怎麼辛苦追求的人偶爾不小心也會敲響成功殿堂的扉門，只是那殿堂的主人也會在想：這人凡事都那麼漫不經心，那麼消極悲觀，算了，還是讓他在外面等一會兒吧！

失敗只是可惜，逃避才是可恥的

一九四四年，艾森豪威爾指揮的英美聯軍正準備橫渡英吉利海峽，在法國諾曼第登陸，展開另一個階段的對德戰爭。這次登陸事關重大，英國和美國合作無間，為這場戰役投入了巨大的人力物力，然而人算不如天算，就在一切準備就緒、蓄勢待發的時候，英吉利海峽卻突然風雲變色、巨浪滔天，數千艘船艦只好退回海灣，等待海面恢復平靜。這麼一等，足足等了四天，天空像是被閃電劈開了一道裂縫，傾盆大雨連綿不絕，數十萬名軍人被困在岸上，進退兩難，每日所消耗的經費、物資，實在不容小覷。

正當艾森豪威爾總司令苦思對策時，氣象專家送來最新的報告，資料中顯示天氣即將出現好轉，狂風暴雨將在三個小時之後停止。艾森豪威爾明白這是千載難逢的好機會，可以攻敵人於不備，只是這當中也暗藏危機，萬一氣候不如預期中這麼快好轉，很可能就全軍覆沒了。

艾森豪威爾經過慎重的考慮之後，在日誌中寫下：「我決定在此時此地發動進攻，是根據所得到最好的情報做出的決定……，如果事後有人譴責這次的行動或追究責任，那麼，一切責任應該由我一個人承擔。」然後，他斬釘截鐵地向陸、海、空三軍下達了橫渡英吉利海峽的命令。艾森豪威爾受到幸運之神的眷顧，傾盆大雨果然在三個小時後停止，海上恢復一片風平浪靜，英美聯軍終於順利地登上諾曼第，掌握了這場戰爭得勝的關鍵。

心語：

艾森豪威爾最大的成就，不只在於他英明果斷的決策，還在於他肯為自己的決定負完全的責任，這是在上位者十分難得的表現。

多少政治人物平時勤於為自己歌功頌德，大難臨頭卻各自分「推」，就算證據擺在眼前，臨死也要拖一個人來墊背，敢做不敢當，怎麼能為人民喉舌？作為人民的表率？真正的英雄其實不在於他的功績有多麼的浩大，而在於他有沒有面對失敗的勇氣。失敗只是可惜，並不可恥，況且失敗只是一時，伴隨而來的責任卻是一世的，只有當你勇於承擔、面對時，責任才有終了的一天。

思考的價值

兩個美國青年一同開墾山坡。

湯姆把石塊砸成石子運到路邊，賣給蓋房子的人；傑克則直接把石塊運到碼頭，賣給加州的花鳥商人。因為這兒的石頭總是奇形怪狀，所以他認為賣重量不如賣造型。

三年後，傑克成為小鎮上第一個買了汽車的人。

每到秋天，漫山遍野的鴨梨吸引八方遊客，他們把堆積如山的梨子運往紐約和華盛頓，然後再售往歐洲和日本。

因為這兒的梨，汁濃肉脆，好吃無比。

就在小鎮上的人為鴨梨帶來的小康日子歡呼雀躍時，曾賣過石頭的果農傑克賣掉果樹，開始種竹子。因為他發現，來這兒的客人不愁挑不到好梨子，只愁買不到裝梨子的筐。

五年後，他成為鎮裡第一個蓋別墅的人。再後來，一條鐵路從這兒貫穿南北，從這兒上車後，可以北到紐約，南抵佛羅里達。小鎮的果農也由單一的賣水果開始談論水果加工及市場開發。

就在一些人開始集資辦廠的時候，傑克在他的土地上砌了一道三公尺高、一百公尺長的牆。這道牆面向鐵路，背依翠柳，兩旁是一望無際的萬畝梨園。坐車經過這兒的人，在欣賞盛開的梨花時，會突然看到四個大字：可口可樂。

據說這是五百里山川中唯一的一個廣告，那道牆的主人傑克憑這道牆，第一個走出了小鎮，因為他每年有四萬美元的額外收入。

英國石油公司美洲區代表威爾遜來美國考察，當他坐火車路過這個小鎮時聽到這個故事，被傑克罕見的商業頭腦所震驚，當即決定下車尋找傑克。

當威爾遜找到傑克的時候，傑克正在自己的店門口與對門的店主吵架，因為他店裡的一套西裝標價八百美元的時候，同樣的西裝對面的商家只標價七百五十美元。而他標價七百五十美元的時候，對面的商家就標價七百美元，一個月下來，傑克僅賣出八套西裝，而對面的商家卻賣出八百套。

當時威爾遜看到這種情形感到非常失望，還以為傑克有多厲害。但後來，當

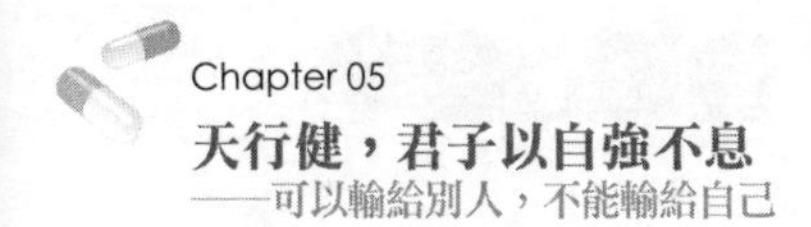

他弄清真相之後，立即決定以百萬美元的年薪聘請他——因為對面那家店，也是傑克的。

心語：

只有依靠我們的想像力才能創造奇蹟。

其實物質和知識的貧窮並不可怕，可怕的是想像力和創造力的貧窮。必須有與眾不同的想法，才能有與眾不同的收穫。生活總是獎勵那些善於創造，善於動腦，善於發現的人。

黑鐵貓的價值

美國電機工程師羅勃特和邏輯學家查理是無話不談的好友。

有一次，兩人相約赴埃及參觀著名的金字塔。到了埃及，查理住進旅館後，仍然習以為常的寫起自己的旅行日記。

羅勃特則獨自漫步在街頭。忽然耳邊傳來一位老婦人的叫賣聲：「賣貓啊，賣貓啊！」

羅勃特一看，在老婦人身旁放著一隻黑色的玩具貓，標價五百美元。這位婦人解釋說，這隻玩具貓是祖傳寶物，因孫子病重，不得已才要賣出以換取住院治療費。

羅勃特用手掂一掂貓，發現貓身很重，看起來似乎是用黑鐵鑄成的。不過，那一對貓眼則是珍珠的。

於是，羅勃特對那位老婦人說：「我給你三百美元，不過我只要買下兩顆貓眼！」老婦人同意了。

羅勃特高高興興的回到了賓館，對查理說：「我只花了三百美元竟然就能買下這兩顆碩大的珍珠！」查理一看這兩顆大珍珠少說也值上千美元，忙問朋友是怎麼一回事。

當羅勃特講完緣由，查理忙問：「那位婦人是否還在原處？」

羅勃特回答說：「她還坐在那裡，想賣掉那隻沒有眼珠的黑鐵貓！」

查理聽後，連忙跑到街上，給了老婦人兩百美元把貓買了回來。

羅勃特見後，嘲笑道：「你居然花兩百美元買個沒眼珠的鐵貓！」

查理用小刀刮鐵貓的腳，當黑漆脫落後，露出的是黃燦燦的一道金色的印跡，他高興的叫起來：「果然如我所想，這貓是純金的！」

原來，當年鑄造這隻金貓的主人，怕金身暴露，便將貓身用黑漆漆了一遍，讓它看起來像一隻鐵貓。對此，羅勃特十分後悔。

此時，查理轉過來對他說：「你雖然知識很淵博，可是缺乏一種思維的藝術，分析和判斷事情不全面、深入。你應該想一想，既然貓的眼珠是用珍珠做成，那貓的全身怎可能會是不值錢的黑鐵所鑄？」

心語：

缺乏創造性的思維，將會帶來多麼大的損失，將會對個人的發展、事業的進取產生多麼嚴重的影響。創造性思維是人腦思維活動的高級層次，是智慧的昇華，是人腦智力發展的高級表現形態。然而右腦的作用卻常被我們忽略不計，是我們智力開發的處女地。

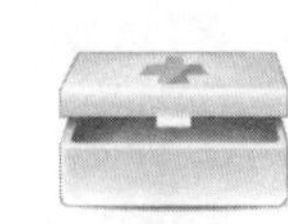

難懂的故事

格林教授每天都要為孫子講個睡前故事，但是一篇叫做《三個獵人》的故事，卻讓格林教授講不下去。故事說：從前有三個獵人，兩個沒帶槍，一個不會開槍。三個獵人碰到三隻兔子，兩隻兔子中彈逃走了，一隻兔子沒中彈，倒下了。獵人提起一隻逃走的兔子往前走，來到一幢沒門沒窗，沒屋頂也沒有牆壁的屋子前，叫出屋主人問：「我們要煮一隻逃走的兔子，能否借個鍋子？」

「我有三個鍋子，兩個打碎了，另一個底壞了。」

「那，我們要借底壞了的那個鍋子。」三個獵人用底壞了的鍋子，煮熟了逃走的兔子，愉快的飽餐一頓。格林教授想了好幾天，也沒有想出這個故事是什麼意思，於是寫了封信給出版社，指出這篇故事讓人瞠目結舌的邏輯性錯誤：其一，中了彈的兔子怎麼能逃走，沒中彈的兔子又如何會倒下？其二，既然兔子逃走了，獵人如何能將它煮來吃？其三，底壞了的鍋子怎麼能煮熟逃走的兔子，還

能讓獵人愉快的吃個飽？格林教授的信刊出之後，多家報刊作了轉載，格林教授也收到了大量的讀者來信。來信幾乎都是支持格林教授的觀點，這讓格林教授深受鼓舞，對這篇讓幼兒讀而成人也看不懂的文章，一連發表了多篇批評文章。

一年以後，格林教授的家裡來了位客人。客人與格林教授一見如故，相談甚洽。當談到某大學畢業生因為害怕失去一份高收入的工作，考上研究所之後卻放棄機會，到州儲蓄所去做了儲蓄員；劣跡斑斑、臭名昭著的貪污犯卻做了反貪污局局長等等現象，兩人更是唏噓不已、再三嘆惜。不知不覺大半天過去，醉眼朦朧中客人突然舉杯問教授：「你還記得《三個獵人》的故事嗎？你現在能懂《三個獵人》了嗎？」突然，格林教授眼睛一亮：「哎喲」一聲，端起酒杯頓了頓，說：「最簡單的真理往往最難發現。《三個獵人》就是為了讓孩子們從小就懂得，有很多可能的事會成為不可能，不可能的事卻會成為可能……」

心語：

不要對不清楚的事情抱懷疑態度，許多事情並不是我們一時所能認識清楚，有些事情需要時間與經驗的考驗，只要抱著一顆認真的心，任何疑問都可找到答案。

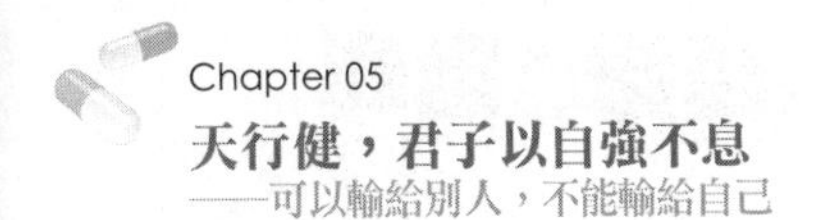

殿堂之門

古羅馬人有兩座聖殿：一座是勤奮的聖殿，另一座是榮譽的聖殿。它們在位置安排上有一個秩序，就是人們必須經過前者，才能達到後者。其寓意就是，勤奮是通往榮譽的必經之路。文學家說，勤奮是打開文學殿堂之門的一把鑰匙；科學家說勤奮能使人聰明；而政治家則說勤奮是實現理想的基石。

心語：

世界上最寶貴的除了良好的心理素質，還有一個最寶貴的東西，就是勤奮。最寶貴的勤奮，不光是身體上的，還有精神上的，勤奮靠的是毅力，更是永恆。天才是百分之一的靈感加百分之九十九的汗水。勤奮，就是要珍惜時間，勤學習，勤思考，勤探究，勤實踐。

自作聰明的驢

有一頭自作聰明的驢，專想做一些投機取巧的事。

有一次，主人讓牠和牛一同馱貨。主人指著一包海綿和一袋蘿蔔說：「這兒有五十公斤海綿和兩百公斤蘿蔔，你們各馱一份。」

忠厚老實的牛客氣的說：「驢老弟，你先挑選一份吧！」

驢一聽，暗自竊喜的說：「牛大哥真夠意思，那我就不客氣了，我要選擇海綿。」

就這樣，驢馱著海綿，牛馱著蘿蔔一同上了路。

驢腳步輕鬆，覺得做了一件聰明的事，朝身後的牛小聲罵了一句：「傻瓜！竟然馱了是我四倍重的貨物。」

正當驢得意的時候，突然刮起了大風。因驢馱的海綿體積大，頂著風行走十分艱難。

驢自言自語的說：「怎麼刮起風來了？真倒楣！」

牛邁著穩健的步伐繼續向前走，驢在後面一步一晃的跟著。

沒過多久，天空又下起了大雨，海綿吸足了雨水，變得十分沉重。驢越來越覺得難以支撐，腿一軟便跌倒在地了……

心語：

得到一點好處就得意忘形，一心只想要投機取巧的人，在人生道路上遲早都會吃大虧。

行動是最好的格言

那天，老師在課堂上檢查學生作業。那是很簡單的作業，每個同學必須說出兩則關於「重視從小事做起」的格言，老師說要選出最好的一句格言。

已經有了充分準備的同學們回答得很踴躍，一則則精美的格言，從大家的口中說出，又被老師抄寫到黑板上。

轉眼間，黑板上已經寫滿了。老師微笑著，同學們受了鼓舞似的，還爭先恐後述說自己搜集的格言，大有不可遏止之勢。

忽然，老師注意到坐在最後面一位新來的女學生始終沒有舉手。於是，老師請她站起來跟大家說一則格言。

這位女生站起來，一聲不吭直接走到講台前，掏出手帕，將講台上那些已停留好長時間的粉筆灰輕輕的擦淨，然後慢慢的走向自己的座位。

同學們都愣愣的看著這位女生的一舉一動，後來老師開口了：「同學們，你們都看到了，這才是最好的格言。為什麼？你們想想看。」所有的同學都若有所思的低下了頭。

心語：

是的，在生活中，我們可以講出一千條、一萬條該如何去做的理由，卻不如實實在在的去做一次。

失敗磨出來的智慧

佛瑞斯原本在中學當數學老師，是一個勤勤懇懇很敬業的人。不過那時，股票剛開始進入波士頓老百姓的經濟生活，一馬當先敢於嘗試的人都嘗到了不少甜頭。佛瑞斯也躍躍欲試想要到股市中闖蕩一番。於是他辭了工作，憑著自己數學上的聰明才智，帶著多年來辛苦存下的六萬美元瀟灑投入股市。而最後的結局是，一生積蓄化為烏有。

在大多數人眼中，佛瑞斯已經一無所有。但是他自己並不這樣認為，他知道自己在股市中學到了很多知識。他向一位商人自薦，說可以為商人操盤及出謀劃策。當商人問他憑什麼要把錢乖乖地拿出來交給一個身無分文的股市失敗者時，佛瑞斯對他說：「我雖然不能教你什麼賺錢的方法，但是憑藉我多年失敗的經驗，一定可以準確無誤的告訴你，什麼事是不能做的，做了一定會有損失。」於是那個商人相信了他。後來，這位一無所有的數學教師，果然幫助這個大商人避

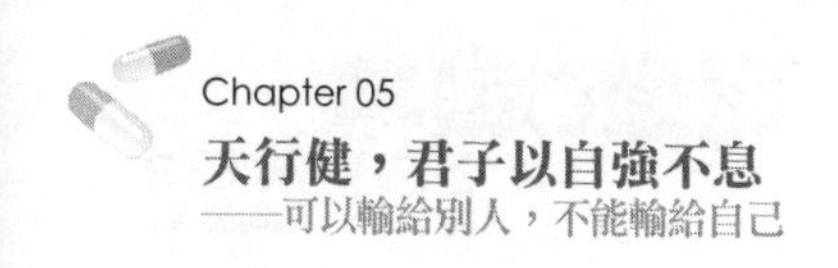

免了很多的損失。佛瑞斯在總結了自己的失敗經驗和協助商人的成功經驗後，又出來闖蕩股市，而這次他成為了一位非常富有的人。

心語：

福特汽車總裁曾經說過：「我信任那些有失敗經驗的人。一次都沒失敗過的人，我從來不敢對他委以大任。」

我們身上的種種毛病其實就像這些失敗一樣，往往是映射成功的鏡子。愚蠢的人面對自己的壞毛病就像面對失敗一樣，只知道罵它們、怪它們；只有聰明智慧的人能把毛病和失敗看成通往成功的經驗。失敗並不可怕，可怕的是失敗後失去努力的信心。只要奮力向前，把失敗當成成功的階梯，總有一天也會成功。

走捷徑不一定到得了終點

一名遊覽車的駕駛員長年開車經過一條風景秀麗卻蜿蜒曲折的山路，這條路九彎十八拐，意外頻傳，這個駕駛員卻總是得心應手，二十多年來從未出過一次事故。

一次，一位旅客搭乘這輛遊覽車，見識到了駕駛員精湛的開車技術，不由得敬佩地說：「司機大哥，這條路這麼曲折，令人膽戰心驚，你開車開了這麼多年，卻從來沒有出過意外，一定是對這條山路哪裡該轉彎，哪裡會碰壁都十分瞭解了，真是不簡單啊！」

但是出乎意料地，駕駛員微笑著搖頭說：「您真是太誇獎我了，老實說，雖然我每天都會經過這條路，但是這條路該轉彎該減速的地方實在太多，我到現在都還是搞不清楚呢？」

旅客驚訝地問道：「這怎麼可能？你不清楚路況，怎麼能開得這麼平順呢？」

駕駛員笑著回答說：「其實，我根本不需要知道這條路危險的地方在哪裡，我只要謹記不超速，以及其他安全駕駛的原則，哪裡還需要擔心什麼危險呢？」

心語：

對於同一件事，有的人努力尋找旁門左道，藉此提高成功的機率；有的人卻始終秉持最基本的信念，認為無論天地萬物如何變遷，掌握原則才是致勝關鍵。

這兩種處世方式，其實很難分出高下，也無法評斷孰是孰非。

聰明的人擅長走快捷方式，也許平步青雲，也可能一失足成千古恨；老實的人腳踏實地、兢兢業業，也許多走了不少冤枉路，但是最終一定可以安然到達目的地。當然，你可以隨心所欲地選擇你所想要的方式，但也必須坦坦蕩蕩地承擔後果。

讓自己的眼光變得更寬廣

猶太裔的著名精神分析學家維克多．弗蘭克博士，曾經在納粹集中營裡飽受過凌辱。

在那個只有屠殺和血腥的地方，不可能看見人性和尊嚴，每一個屠夫在槍殺婦女、兒童和老人時，眼睛從來不眨一下。

對生活充滿恐懼的弗蘭克，內心自然產生極大的精神壓力，每當看著集中營裡發瘋的人們，他的內心更是飽受煎熬。

幾乎快失控的弗蘭克，有一天告訴自己：「如果我再不控制好自己的狀態，我也要陷入精神失常的厄運。」

這天，弗蘭克隨著長長的隊伍，來到集中營的工地工作。行進過程中，他的腦海不斷地產生幻覺，不是想「晚上恐怕不能活著回來」，就是「今天能吃到晚餐嗎？」

工作到一半，發現鞋帶斷了，他又擔心這是不是代表著什麼不祥預兆。思緒非常混亂的弗蘭克，幾乎要失控了，內心充滿不安的他，對生活與生命開始產生厭倦。

為了鎮定心智，弗蘭克讓自己不斷地冥想。他開始想像自己正處在一個明亮而寬敞的教室中，並且正精神飽滿地發表演說。當他閉上眼睛之時，忽然感覺到一陣舒暢，臉上也慢慢地浮現了笑容，那是弗蘭克久違的笑容。此時，他高興地告訴自己：「太好了，只要保持這種狀態，就不會死在集中營，我一定能夠活著走出去。」

後來，當他真的從集中營走出來時，朋友們看到他的模樣都感到非常驚訝，因為弗蘭克的臉上沒有留下受過煎熬的痕跡，反而全身都散發著年輕活力。

心語：

困境和生活週遭的刻薄小人，對於意志力堅定的人來說，就像石子路上的小石頭，一點也不會造成行進的阻礙。而厄運，則是他們來到桃花源的必經道路，因為他們知道，只要勇敢穿越，便能來到成功的花圃。

每一小步都能創造奇跡

一九八三年，伯森．漢克徒手攀上紐約帝國大廈，不僅創造了新的世界紀錄，也贏得了「蜘蛛人」的封號。美國懼高症康復協會得知這項消息，立即致電「蜘蛛人」，表示想要聘請漢克擔任康復協會的顧問。

伯森．漢克接到聘書時，立即回電給協會主席諾曼斯，請他查一查第一〇四二號會員。這位會員的資料很快地被查了出來，他的名字就叫伯森．漢克。原來他們要聘來擔任顧問的「蜘蛛人」，本身就是一位懼高症患者。

諾曼斯知道這個事實後非常驚訝，因為一般的懼高症患者，只要一站上陽台，即使只有一樓高，心跳也會加速。然而漢克居然能夠徒手攀上四百多米高的大樓，這無疑是件不可思議的事。諾曼斯決定要親自拜訪這位創造奇跡的蜘蛛人。

來到漢克位於費城郊外的住所，正巧遇上一個慶祝會，現場有十幾位記者正圍著一位老太太拍照。這位老太太就是伯森．漢克的曾祖母，她為了慶祝漢克的紀錄，特別從一百公里外的慕拉斯堡，徒步走到這裡。沒想到，老奶奶這個舉動，無意間也創造了另一項「老人徒步百里」的世界紀錄。《紐約時報》記者問她：「當你開始徒步走來的時候，有沒有任何放棄的念頭？」

高齡九十四歲的老奶奶精神抖擻地說：「小伙子，雖然以我這把年紀，要一口氣跑完一百公里需要很大的勇氣與耐力，但是『走一步』路就不需要太多勇氣與耐力了，只要我走一步，停一步，再走一步，一步步地接上，那麼這一百公里不就完成了嗎？」

懼高症康復協會的主席諾曼斯，這時才明白了伯森．漢克登上帝國大廈的秘訣，正是那「一步」登天的勇氣。

心語：

因為害怕，讓我們失去多少奇跡的發生？我們要像漢克的曾祖母一樣，隨時都有挑戰的勇氣，只要有克服的意願，沒有什麼事是不能成功的。只要像老奶奶一樣，不放棄，一步一步地累積起來，即使要付出比別人多的時間和精力到達終點，我們一樣都是「成功之士」，更不會錯過任何贏得掌聲的機會。

只要肯投入，夢想一定會成真

在里約的一個貧民區裡，曾經有一個很喜歡足球的男孩，但是由於家境清寒，這個男孩只能從垃圾箱中撿椰子殼、汽水罐等等，學習踢足球的技巧。

有一天，男孩來到一個已經乾涸的水塘中玩耍，他的腳下正踢著一個大豬蹄。這時，恰巧有個足球教練經過，發現男孩踢豬蹄的腳力很強，便好奇地問男孩為什麼要踢這個豬蹄。

男孩瞪大了眼說：「我在踢足球，不是踢豬蹄！」

教練一聽，笑了笑說：「豬蹄不適合，我送你一個足球吧！」

男孩開心地拿到了足球，每天更賣力地練習，逐漸地，他已經能夠精準地把球踢進十公尺外的水桶中。

到了聖誕節的那天，男孩對媽媽說：「媽咪，我們沒有錢買聖誕禮物給那位送我足球的好心人，不如這樣，今天晚上祈禱的時候，我們一起為他祝禱吧！」

男孩與媽媽禱告完畢後，向媽媽要了一個鏟子，便跑了出去。只見男孩來到一個別墅的花圃，努力挖出一個凹洞，就在快要完成時，有個人走過來，問他在做什麼。

男孩抬起紅通通的臉，甩了甩臉上的汗珠，開心地說：「教練，聖誕節我沒有禮物送給您，只好幫您挖一個聖誕樹坑。」

教練哈哈大笑地看著男孩說：「孩子，我今天得到世界上最好的禮物，你明天到我的訓練場吧！」

三年後，十七歲的男孩在第六屆世界盃足球賽上，一人獨進二十一個球，為巴西捧回第一個金盃。

這位男孩正是今日世人熟悉的足球巨星，球王貝利。

心語：

看著貝利練習足球時的投入，不管腳下踢的東西是什麼，他都堅持是「足球」的精神，就能預言他的未來必定會成功；即使沒有遇上這位足球教練，他也都會是未來的足球巨星。

故事中的貝利，因為目標明確，讓他有超強的毅力；因為知道感恩，使他走向成功的路途上，遇到貴人和機會比別人更多。

球王貝利成名的故事，無疑告訴我們，當天時、地利與人和齊備的時候，只要投入充足的毅力與努力，不恃寵而驕，成功的位置我們就能坐得更安穩、更持久。

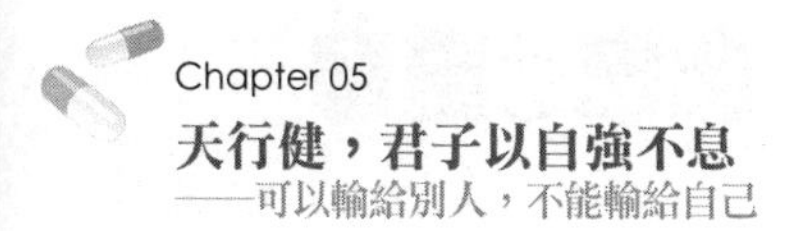

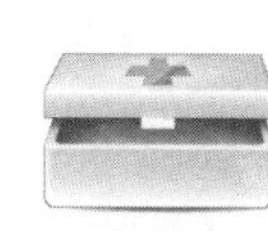

逆境是上天恩賜的禮物

世界級的小提琴大師帕格尼尼，自小琴藝天分便展露無遺，不過即使是個音樂奇才，帕格尼尼從小也經歷了各種艱難和困苦。

自四歲的一場痲疹開始，帕格尼尼幾乎是在病痛中成長；七歲那年，他差點死於猩紅熱；十三歲時則罹患肺炎，必須大量放血治療；四十歲時，因為牙床突然發膿，幾乎拔掉所有的牙齒。接著，牙床才剛康復，他的眼睛卻感染可怕的傳染疾病。

不幸的事接二連三，五十歲之後，帕格尼尼在關節炎、腸道炎與結核等病痛中辛苦生活，這些可怕的災難惡狠狠地吞噬著他的生命。

有一天，他忽然吐了口鮮血，沒多久便結束了生命。然而，被折磨了五十七個年頭，連死後老天爺仍然不放過他，他的遺體經歷了八次搬遷，最後總算入土為安。

面對這些病痛，帕格尼尼從小習慣把自己囚禁。他從三歲開始便經常躲在房裡練琴，而且一練就是十二個小時。

十二歲時，他舉辦了首場個人音樂會，而且一舉成名。日後，他的琴聲遍及歐洲各個角落，歌德曾讚美他的琴音是：「在他的琴弦上，不知道充滿了多少靈魂。」

十三歲開始，他便過著流浪的生活，雖然他曾經與五個女人有過感情糾葛，但是卻一直都得不到真愛，他說：「在我的生命裡，只有小提琴這個惟一的兒子。」

而李斯特在聽過他琴音時的驚呼，最能道出大師創作出來的生命樂章：「天哪！在這四根琴弦裡，不知道包含了多少苦難、傷痛和受到殘害的靈魂啊！」

生活艱困而生命堅強的小提琴大師帕格尼尼，在李斯特的歎息聲中，更顯得光芒萬丈！

心語：

上天賦予我們生命，便有其存在的價值與目的，即使附加許多難以承受的苦難，在這些困頓的環境裡，我們也會品嚐到其中的甘甜與美好。

就像帕格尼尼一樣，以自己堅強的生命力，發展他獨特的音樂天分，更以難得的經歷，創作出撼動人心的樂章。

在身體殘缺者的身上或絕症患者的眼神中，我們不斷地看見生命的活力，更發現令人驚異的堅強毅力。

如果，你期望自己能夠有個不平凡的生活，渴望有個精彩人生，就不要畏懼「艱苦」與「困難」的到來，因為，那些折磨，正是你成就非凡人生的重要墊腳石！

逆境中是你發現智慧的好時機

美國當代畫家路西歐．方達，早期在創作油畫時，遇到一個大挫折，心中也留下一個烙痕，之後他的創作過程一直很不順心。

有一天，他站在畫布前，呆呆望著畫布許久，因為他完全不知道自己究竟要如何下筆。

突然，他丟下畫筆，拿起一把刀子，把畫布用力割破。

就在畫布「嘶」地一聲破裂的剎那間，路西歐腦海也閃過一個念頭：「把畫布割破，算不算也是一種創作呢？」

於是，他把所有畫布找出來，一一用刀子割破，而這一割，居然讓他開創出一個新的藝術視野。

後來，他還舉辦了一場展覽，從此路西歐便成為當代最具代表性的藝術家之一。

他就像「被蘋果打中的牛頓」，因為被失敗的蘋果擊中，他們才會有驚人的頓悟與成就。

心語：

在人生求勝的過程裡，只有失敗過的人，才知道解決的方法，也唯有經歷過挫折的人，才懂得越挫越勇的美妙。

歌德說過，當人們越靠近目標的時候，困難也會越來越多。

當我們能夠通過每一個逆境，能夠搬開每一顆絆腳石時，便朝著目標更進一步。所以，有挫折不必抱怨，遭到譏笑辱罵也不必在意，反而是一帆風順的人得小心，萬一危險突然出現時，是否有應變解決的能力。

每個人經歷挫折的時間不會相同，而剎那間醒悟的感動，卻是每個人都相同；這個「一剎那」，只有親身經歷過的人才會明瞭。

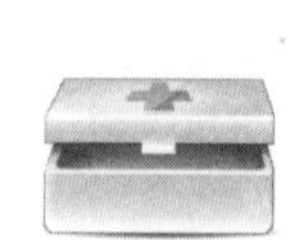

總有一天會留下行走的痕跡

鑒真和尚剛入空門時，住持要他從最辛苦的行腳僧開始磨練。某天，已經日上三竿了，鑒真和尚仍未起床，住持覺得納悶，便到鑒真和尚的寢室裡巡視。

當住持推開房門，只見床邊堆了一堆破破爛爛的草鞋，住持叫醒鑒真：「今天你不出外化緣嗎？床邊堆的這些破草鞋要做什麼呢？」

鑒真打了個哈欠說：「這些是別人一年都穿不破的草鞋，如今我剃度一年多，卻穿破了這麼多鞋，今天我想為廟裡節省一些鞋。」

住持聽了之後，笑了笑對鑒真說：「昨夜外頭下了一場雨，你快起來，陪我到寺前走走吧！」

昨夜的一場雨，使寺前的黃土坡變得泥濘不堪。

忽然，住持拍了拍鑒真的肩膀說：「你是要當個只會撞鐘的和尚，還是想成為能發揚佛法的名僧？」

鑒真說：「當然是發揚佛法的名僧啊！」
住持撚鬚一笑，接著說：「你昨天有沒有走過這條路？」
鑒真說：「當然有！」
住持又問：「那麼你現在找得到自己的腳印嗎？」
鑒真不解地說：「昨天這裡原本是平坦、堅硬的道路，今天變得如此泥濘，小僧如何能找到自己的腳印？」
住持接著又笑了笑，說道：「那我們今天在這條路上走一回，你能找到你的腳印嗎？」
鑒真自信地說：「當然能了！」
住持微笑地拍拍鑒真的肩膀說：「是的，只有泥濘路才能留下足印啊！只要經過艱苦的跋涉，終有一天會留下痕跡的，一如此刻，我們行走在這片泥地上，不管走得多遠，足印都會深深地留在泥地裡，印證我們一路走過的價值。」

心語：

想完成夢想，便不能怪別人對自己刻薄，也不能有停頓休息的借口，因為，即使我們都看得見成功的目標，卻沒有人能計算出成功的距離。

付出得再多，沒有站在最後的終點站，我們都沒有時間停頓休息，因為一停下來，成功的目標將會漂流得更遠，甚至讓別人捷足先登，佔據頂峰，讓我們無法登上夢想的目標。

踩在泥濘的道路上，我們得用力地拉起雙腳才能走出泥地，人生之路不也如此？經過辛苦的跋涉之後，才能看見努力累積出來的成果。

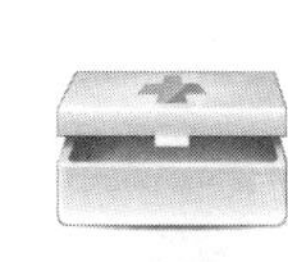

成功的元素來自百分之一的堅持

成功或失敗，取決於你的一念之差！可口可樂公司的可樂裡，成分百分之九十九全是水、糖、碳酸與咖啡因，這與其他可樂的成分幾乎一樣。唯一不同的地方，就是那百分之一的秘方，這是其他飲料之中所沒有的成分，也正是因為這個神秘的百分之一，讓可口可樂公司每年都有四億美元以上的淨利。

這就像九十九度加一度，正好是開水沸騰的溫度一樣，沸騰與未沸騰的區別，只在這一度之差。

心語：

做事的時候，不要因為覺得困難重重而把臨門一腳收起來，再堅持一步，或許你只差這一步便成功了。

多付出一點，不要計較那比別人多付出的一滴汗水，畢竟成功與努力的比率，一直以來都無法估算，即使成功者也無法告訴你確切的數據，因為他們只知道：「想成功，就要不斷地努力、努力。」

我們經常會聽到人們說：「這跟我當初想的一樣啊！」或是「我本來也要到達那個山峰了！」

但是，不管發出多誇張的共鳴聲或歎息聲，功成名就的人終究是別人，而不是說話的人。

當大家一窩蜂地經營相同的事物時，只要你能找出自己的特色，或創造出不同的風貌，比別人多花個百分之一的心思，稍加變化，就能讓平凡的事物變得不平凡。

因為，所有的成功元素幾乎一模一樣，唯一的差別只在那百分之一的堅持，與百分之一的特色。

想成功，必須先行動

宋朝著名的大慧禪師，門下有位弟子道謙，參禪多年卻始終無法開悟，為此他感到非常苦惱。

有一天晚上，道謙誠懇地向師兄宗元訴說自己不能悟道的苦惱，並且請求宗元幫忙。

宗元說：「我能幫你的，當然樂意之至，不過有三件事我無能為力，你必須自己去做！」

道謙連忙問：「是哪三件？」

宗元說：「當你肚餓口渴時，我的飲食不能填飽你的肚子，我不能幫你吃喝，你必須自己飲食；當你想大小便時，你必須親自解決，我一點也幫不上忙；最後，也是最重要的一點是，除了你自己之外，誰也不能馱著你的身子在路上走。」

量。

道謙聽罷，心扉豁然開朗，因為他感到了自我的力量，也決定善用自己的力量。

心語：

很多事情如果不是自己想追求、自己想得到，根本不能激發任何動力，以意興闌珊的態度去面對，別妄想成功會從天上掉下來。

別只是羨慕別人外在的光鮮亮麗，卻忽略了他們背後努力打下的根基，想要獲得成功，就得動手去學，動手去做；有開始，才有結果，這是不變的道理。

走出失敗挫折的泥沼

一九一四年十二月，大發明家愛迪生的實驗室在一場大火中化為灰燼。因為實驗室是鋼筋混凝土結構，按理說應該是防火的，因而愛迪生只投保了二十三點八萬美金的保險，但這次火災損失，經過實際估計，卻超過兩百萬美金。

那個晚上，愛迪生一生的心血和成果，就在熊熊大火中化為灰燼了。大火燒得最兇猛的時候，愛迪生二十四歲的兒子查理斯在濃煙和廢墟中發瘋似地尋找著父親。最後，他終於找到了，愛迪生平靜地看著火勢，他的臉在火光搖曳中閃亮，他的白髮在寒風中飄動著。

「我真為他難過，」查理斯後來寫道，「當時，他都六十七歲，已經不再年輕了，可是這一切卻付諸東流了。但他看到我時竟嚷道：『查理斯，你母親去哪兒了？去，快去把她找來，她這輩子恐怕再也見不著這樣壯觀的場面了。』」

第二天早上，愛迪生看著一片廢墟說道：「災難自有它的價值。瞧，我們以前所有的謬誤、過失都讓大火燒個一乾二淨，感謝上帝，我們又可從頭再來了。」

大火並沒有燒掉愛迪生的發明熱忱，火災才剛過去三個星期，愛迪生就開始著手推出他的第一部留聲機。

心語：

在旁人眼中或許是一片灰燼，但實際上這卻是傳說中的浴火鳳凰重生的時機。正如美國總統尼克遜所說：「命運所給予我們的不是失望之酒，而是機會之杯。」

即使愛迪生所擁有的有形物質如數據、器材等已經消失，但所有的想法和步驟卻仍留存在他的腦中，隨時可以重新來過。那場大火所代表的意義，不只是將錯誤火化紅蓮，而是意謂重獲新生、豁然開朗的喜悅。有幾個人能如愛迪生一般樂觀豁達呢？我們過度執著於有形的物質，就會忽略無形的力量，因而逃不出失敗挫折的痛苦泥沼。西班牙作家塞萬提斯說：「對於過去不幸的記憶，成了新的不幸。」

逝者已矣，過往的就讓它隨風飄逝吧！只要重新整理好自己的心情，就能重新向前邁步。

不要因為低潮而放棄人生目標

根據歷史上的記載，滑鐵盧戰役的失敗是拿破侖一生最後的失敗，但有人說其實不是這樣，因為拿破侖的最後失敗，是敗在一顆棋子上。

據說，拿破侖在滑鐵盧之役失敗之後，被判流放到聖赫勒拿島監禁，終身不得離開。

他在島上過著十分艱苦而無聊的生活。後來，拿破侖的一位密友透過管道贈給他一件珍貴的禮物，那是一副象牙和軟玉製成的棋子。拿破侖對這副精緻而珍貴的棋子愛不釋手，一個人默默地下棋，多少解除了被流放的孤獨和寂寞。這位有名的囚犯就這樣在島上用那副棋子打發著時光，慢慢地死去。

拿破侖死後，那副棋子多次以高價轉手拍賣。最後，棋子的擁有者在一次偶然的機會中發現，其中一個棋子的底部可以打開，裡面竟密密麻麻地寫著如何從島上逃出的詳細計劃。在當時，這是一則轟動世界的大新聞。

可是，拿破侖沒有在玩樂中領悟到這個奧秘和朋友的良苦用心，所以，他到死都沒有逃出聖赫勒拿島。

這恐怕才是拿破侖一生中最大的失敗。

心語：

其實，拿破侖被流放之後，他所失去的不只是自由而已，還有他的野心與勇氣。如果這個故事是真的，那麼拿破侖的確是敗在自己手上，怎麼說呢？假設拿破侖始終維持他高峰時期的氣魄與架勢，那麼小小的聖赫勒拿島又能奈他何？他絕不會呆坐著哀聲歎氣，滿足於下棋度日的生活，他必定會終其一生，極盡所能地想辦法與外界聯絡，思考逃脫的方法。

這則軼事提醒我們，千萬不要放棄擁抱夢想的熱情，始終保持追求夢想的衝勁與勇氣，才不致於讓心中的那把生命之火灰飛煙滅，到時想要死灰復燃就得靠機緣了。人一旦失去目標，心志冷卻了，即使有助功成的利器就在手邊，恐怕也會如同拿破侖一般視而不見吧。我們一定會遭逢失敗的際遇，但我們不認輸的韌性和氣勢，仍會將我們帶向成功。

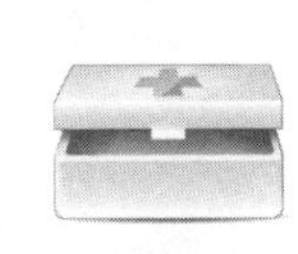

將嗜好融入工作之中

卡西以前在一家律師事務所工作，一年秋天，她前去探望定居法國的哥哥，在哥哥的帶領下，她參觀了附近的雕刻坊。原本雕刻對於卡西來說還是非常陌生的東西，但那一天起，卡西卻找到了真正可以改變她一生的興趣。

懷抱著巨大的熱情，她開始頻繁地出入雕刻坊，學習所有和雕刻有關的知識。此後，她一邊從事日常工作，一邊利用業餘時間練習雕刻。漸漸地，雕刻在她生活中所佔的位置越來越重要，各種各樣的材料和工具把她的房間擠得滿滿的，以致於她不得不在家裡開設工作室。她的努力很快就得到了回報，她的作品不斷出現在最新的藝術展上，還有不少藝術館要求收藏。最後，她辭掉了事務所的工作，全力投入雕刻，現在，她已是一位很有影響力的藝術家了。

同樣的，比爾也是一位將愛好和工作結合起來，而讓生活變得充滿樂趣的人。他的工作雖然是物理治療，但卻酷愛飛行，所以，他選擇在偏遠的遊樂區工作。每逢假日，那裡會湧入許多遊客，而且總是有人意外受傷，他便用直升飛機把傷患帶到城市進行治療。

從此以後，比爾的工作便不再是令人煩悶厭倦了，每天他都覺得精神抖擻，在飛行中感覺到了生活的美好。

心語：

相信你一定聽說過，成功的秘訣，就是把工作和興趣密切結合在一起。對於工作，我們會斤斤計較報酬的多寡，但相對的，如果是興趣，我們不僅樂意無酬參與，有時候就算花上大把鈔票都心甘情願。

美國作家蘇．亞契莉．艾寶解釋這種現象說：「在夢想和渴望裡頭，我們找到自己的機會。」所以，努力尋找出對工作與生命的熱情吧！設法將自己的興趣和工作連結在一起是個好的開始。

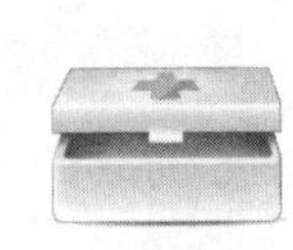

與其迴避，不如技巧性鼓勵

宋朝名將狄青，有一次奉命出兵討伐南越壯族。當軍隊在桂林誓師，準備出發時，狄青當著所有官兵面前，跪在地上唸唸有詞，向天禱告說：「這一次出兵，勝敗難料，請允許我手拿著百枚銅錢向您請願，如果能夠大獲全勝，就讓這些擲出去的銅錢，全部正面朝上。」

話剛說完，左右將領和幕僚，人人面面相覷，不知道將軍到底在搞什麼鬼。於是，就有人馬上湊上前去，向狄青勸諫說，如果不能全部正面朝上，將會嚴重影響軍心，對戰事不利！但狄青當作沒聽見，仍然在官兵面前順手一揮，將手中銅錢全部擲了出去。怪的是，銅錢乖得很，居然全部正面朝上，看得全體官兵歡聲雷動，聲音迴盪山谷，狄青自己也樂得笑不攏嘴！

接著，狄青叫人拿來一百支鐵釘，將銅錢一一釘在散落的地方，然後又親自用青紗覆蓋在上面，最後以愉快的口吻對著全體官兵說：「等到凱旋歸來的時候，再來謝神取錢。」

後來，他平定邕州，班師回朝時，特地重回舊地，按照先前的約定準備還願，並取回銅錢。這時，幕僚和左右親兵才發現，原來這些銅錢兩面都是正面的。

為何要這樣做？狄青回答說，南越之地山高路險，像個鬼地方，加上士兵們一向迷信，難免會受到一些風吹草動的影響，而想到一些有的沒的，如果不想點辦法，幫他們壯壯膽，恐怕就無法發揮十足的戰鬥力。所以，他便假借神鬼護持，來加強兵士們必勝的信心。這時，幕僚們無不覺得狄青雖然書讀得不多，卻真有兩下子，自此對他更是信服有加！

心語：

哪裡害怕，就從哪裡壯膽。人生很多「問題的核心」都是相互牽扯、錯綜複雜的，有些是無法正確認知、對症下藥；很多則是心理作用，彼此不願面對現實，諱疾忌醫的結果。這個時候，「山不轉路轉」，如果無法技巧性的迴避，不妨採取技巧性鼓勵的方式，或許效果會更佳。

廣告回信
基隆郵局登記證
基隆廣字第 57 號

新北市汐止區大同路三段一九四號九樓之一

大拓文化事業有限公司收

請沿此虛線對折免貼郵票，以膠帶黏貼後寄回，謝謝！

想知道大拓文化的文字有何種魔力嗎？

- 請至鄰近各大書店洽詢選購。
- 永續圖書網，24小時訂購服務
  www. foreverbooks. com. tw
  免費加入會員，享有優惠折扣
- 郵政劃撥訂購：
  服務專線：(02)8647-3663
  郵政劃撥帳號：18669219